Chap Clark

MINISTERIO

INTER
GENERACIONAL

¿CÓMO INVOLUCRAR Y MINISTRAR A
LOS PADRES DE NUESTROS JÓVENES?

Chap Clark

MINISTERIO

INTER GENERACIONAL

¿CÓMO INVOLUCRAR Y MINISTRAR A
LOS PADRES DE NUESTROS JÓVENES?

MINISTERIO INTERGENERACIONAL
Edición en español publicada por
Editorial Vida – 2013
Miami, Florida

© 2013 por Youth Specialties

Este título también está disponible en formato electrónico.

Originally published in the USA under the title:
The Youth Worker's Handbook to Family Ministry: strategies and practical ideas for reaching your students' families
Copyright © 1997 by Youth Specialties
Published by permission of Zondervan, Grand Rapids, Michigan 49530.
All rights reserved

Further reproduction or distribution is prohibited.

Traducción: *Patricia Marroquín*
Edición: *María Gallardo*
Diseño interior: *Luvagraphics*

ISBN: 978-0-8297-6474-1
CATEGORÍA: MINISTERIO CRISTIANO / Juventud

IMPRESO EN ESTADOS UNIDOS DE AMÉRICA
PRINTED IN THE UNITED STATES OF AMERICA

13 14 15 16 ❖ 6 5 4 3 2 1

CONTENIDO

4. PONIÉNDOLO EN MARCHA
Programando tu Ministerio Intergeneracional

5. LLEVÁNDOLO A CASA
Proveyendo materiales para fortalecer a las familias en sus hogares

Una introducción
AL MINISTERIO INTERGENERACIONAL

En el año 1972, el ministerio juvenil consistía en clases de escuela dominical, reuniones de grupos de jóvenes, recitales, eventos especiales, estudios bíblicos, campamentos y retiros. La emoción era evidente, los números eran sólidos, y los jóvenes estaban motivados a participar y a crecer en su fe.

Veinticinco años más tarde, el ministerio juvenil en la misma iglesia consiste en clases de escuela dominical, reuniones de grupos de jóvenes, recitales, eventos especiales, estudios bíblicos, campamentos y retiros. Puede que la programación sea similar, pero existen algunas marcadas diferencias entre el ministerio juvenil de hoy y el de 1972.

La diferencia más notable es la falta de profundidad espiritual, de entusiasmo y de participación por parte de los jóvenes de hoy. «Aburrido» es la palabra del día entre los adolescentes, y reina entre ellos una fe centrada en sí mismos. Los jóvenes se gradúan de un programa juvenil que encontraron irrelevante y poco gratificante, para pasar a una iglesia «adulta» y «familiar» que nunca han conocido realmente, ni tampoco les interesa. El resultado es el siguiente: Jóvenes de iglesia que han crecido sin amor por ella, jóvenes cuyo esfuerzo por ser independientes del «establishment» les ha costado una falta de conexión significativa con el cuerpo de Cristo.

Hace 25 años los líderes de jóvenes adoptaron el axioma: «Los programas atraen a los jóvenes, las relaciones los mantienen aquí», refiriéndose a las relaciones interpersonales entre los jóvenes y los adultos a cargo del grupo. La realidad de hoy es que muy pocas cosas atraen a los muchachos. Y el puñado de adultos que ven una o dos veces por semana al frente de una clase o reunión no satisface en lo más mínimo las necesidades relacionales de los chicos de hoy. Esta generación de jóvenes no puede ser engañada, y no la podemos ganar con relaciones superficiales, con «marketing» del cristianismo, ni con una programación ostentosa. Lo que se necesita para atrapar los corazones de los jóvenes de hoy son relaciones reales, sostenidas, y para toda la vida. La cultura ha cambiado, y también debe hacerlo nuestro enfoque sobre el ministerio.

EL CAMBIO HACIA EL MINISTERIO INTERGENERACIONAL

En los últimos años, un número creciente de iglesias ha iniciado un cambio hacia algo genéricamente conocido como «Ministerio Intergeneracional».

Aunque todavía es muy reciente, este movimiento está traspasando las fronteras de las denominaciones, de la teología y de la tradición.

Muchas iglesias desean subirse a bordo, pero conocen muy poco con respecto a qué es el Ministerio Intergeneracional o qué significa realmente para la iglesia.

La confusión es comprensible, porque el Ministerio Intergeneracional es diferente en casi todas las iglesias. Algunos ministerios intergeneracionales enfatizan una relación con la iglesia en general, mientras que otros se centran en programas y clases especiales. Algunos se preocupan por las familias que están sufriendo o están en crisis, mientras que otros ponen su mirada en atraer a los jóvenes hacia «la familia de la iglesia».

Puede que algún día el Ministerio Intergeneracional llegue a tener un aspecto más uniforme, pero al menos por varios años más la filosofía y los programas de las distintas iglesias para el Ministerio Intergeneracional diferirán un poco del resto.

Estas diferencias se deben a factores tales como la historia, las necesidades, el liderazgo y la percepción de cada iglesia.

EL PROPÓSITO DEL MANUAL DEL LÍDER JUVENIL PARA EL MINISTERIO INTERGENERACIONAL

Este es un libro para líderes de jóvenes que se sienten agotados, pero saben que deben ser más acogedores con la familia; para profesionales experimentados que están levantando iglesias desde cero y desean llevar adelante un tipo de ministerio juvenil completamente diferente; o para pastores adultos que no tienen experiencia ni interés en el ministerio juvenil. En otras palabras, este libro es para todos y cada uno de aquellos que quieran dar el paso hacia un ministerio intergeneracional que funcione, independientemente de la perspectiva teológica, filosófica o histórica que tengan. Si estás interesado en las familias (y en especial en la iglesia como familia) este libro es para ti.

Recuerda que este libro es un manual. Lo puedes leer de principio a fin si quieres, pero está diseñado particularmente para responder a las preguntas y problemas específicos que pudieran surgir sobre el tema.

Acércate a este libro tal como lo harás hacia el ministerio inter-generacional: ve tan profundo y tan lejos como quieras, y a una velocidad cómoda. ¡Salta directamente, o sumérgete de forma gradual, en las nuevas y refrescantes aguas del cuidado de las personas tal como son!

DEFINIENDO **EL** **MINISTERIO** INTERGENERACIONAL

1

3 PUNTOS de VISTA
sobre el
MINISTERIO
INTERGENERACIONAL

El Ministerio Intergeneracional no es un concepto nuevo. Ha estado en la agenda de la iglesia por décadas. Sin embargo, a diferencia de otras áreas del enfoque ministerial, el ministerio hacia las familias ha surgido sin ningún tipo de consenso generalizado sobre lo que es o debe ser. Por ejemplo, en nuestra cultura, el ministerio juvenil contemporáneo ha atravesado una suerte de evolución, impulsado principalmente por el éxito de diferentes movimientos paraeclesiásticos en los últimos sesenta y tantos años. Gracias a organizaciones como Vida Estudiantil y Juventud para Cristo, los ministerios para jóvenes de todas las denominaciones y tradiciones tienen mucho en común en términos de propósitos, filosofía y metodología.

A pesar de la reciente explosión de interés de la iglesia por el ministerio hacia las familias, no ha habido entre quienes lo llevan adelante un consenso sobre lo que este debiera incluir o sobre cómo debiera ser. El resultado ha sido una marejada de diversas organizaciones, autores, consultores, seminarios e iglesias creando metas y planes en el vacío existente. Debido a esta ausencia de una percepción unánime sobre el ministerio a las familias, las personas responsables del mismo en las iglesias se encuentran a menudo confundidas y frustradas, al tiempo que intentan definir por sí mismas y por sus iglesias qué es lo que deben hacer.

Existen actualmente en nuestra cultura tres definiciones generales con respecto al trabajo del ministerio intergeneracional (o ministerio con las familias). A pesar de ser todavía muy amplias, estas tres diferentes perspectivas ofrecen un punto de partida para cualquiera que intente, ya sea desarrollar un nuevo Ministerio Intergeneracional, o bien ajustar un programa ya existente.

1 PERSPECTIVA TERAPÉUTICA DE CONSEJERÍA

Esta es probablemente la definición más utilizada para el ministerio intergeneracional. Esta perspectiva aborda en especial las necesidades específicas, emocionales y relacionales, de una congregación. Un pastor encargado de las familias describió los programas en este tipo de ministerio como «proveedores de barreras de protección» y también como «centros de crisis médicas» para las personas:

• Las «barreras de protección» son programas de prevención diseñados para fortalecer a los miembros de la familia (aunque el término «familia» rara vez se define con claridad) antes de que estos se metan en problemas. Algunos ejemplos de programas incluyen seminarios sobre el matrimonio, seminarios para padres, cursos de comunicación entre padres e hijos, clases de comprensión mutua, y consejería prematrimonial.

• Los «centros de crisis médicas» son para aquellos que ya pasaron por las «barreras de protección» y necesitan ayuda más específica. Algunos ejemplos de estos programas incluyen talleres de restauración post divorcio, consejería matrimonial y familiar, y programas de intervención. Por lo general, los ministros y pastores de familia que dirigen estos programas son terapeutas licenciados y consejeros profesionales que tienen el deseo de servir en la iglesia. (Véase «El Ministerio Intergeneracional que funciona», a partir de la página 19, para obtener más información sobre este punto de vista.)

El Ministerio Intergeneracional incluye cualquier servicio provisto por una iglesia o por una agencia de la iglesia, ya sea mediante la colaboración de un profesional o de un voluntario, que tenga como objetivo fortalecer las relaciones entre los miembros de la familia.
-Diana Garland y Diane Pancoast, *The Church's Ministry with Families* [El ministerio de la iglesia con las familias].

Fortalezas de la perspectiva terapéutica de consejería

Este enfoque proporciona un componente necesario para el ministerio de la iglesia moderna. Muchas personas están sufriendo, están heridas y quebrantadas. La iglesia debe ofrecerle a la sociedad las personas, los programas y las oportunidades necesarios para llevar sanidad y ayuda, al tiempo que entre todos edificamos el cuerpo de Cristo.

Posibles problemas

Algunas personas dudan si la principal responsabilidad de la iglesia hacia las familias y las personas es la de proveerles enseñanza y reuniones. Estas personas sugieren que la gente busca algo más de la iglesia, algo más profundo.

Un problema adicional es que, debido a que esta perspectiva a menudo está limitada a los programas y a la enseñanza, los eventos del ministerio por lo general cuentan con poca asistencia.

Estos programas, por buenos que sean, pasan por alto a las personas que se encuentran sentadas en los bancos de la iglesia.

2 LA PERSPECTIVA DEL NÚCLEO FAMILIAR.

Las personas que están a favor de esta perspectiva piensan que la función básica del ministerio hacia las familias es equipar y fortalecer a cada una de las familias de la iglesia. Muchos de los que practican este modelo citan pasajes del Antiguo Testamento para defender este enfoque.

Por ejemplo, Deuteronomio 4.9-10 y 11.18-21 sugeriría que el campo principal del entrenamiento para el discipulado y la instrucción espiritual es el núcleo familiar y no la iglesia local.

Un pastor que prefiera esta perspectiva querrá transformar la iglesia local de un «ministerio de las familias basado en la iglesia» en un «ministerio de la iglesia basado en las familias». Esta sutil diferencia yace en la naturaleza del discipulado, en la enseñanza de la fe, y en la nutrición espiritual. La pregunta es esta: ¿Quién es el principal responsable de estas cosas? ¿La iglesia o el núcleo familiar (y en particular los padres)?

Los programas y las filosofías que reflejan esta «perspectiva del núcleo familiar» incluyen:

• Sesiones de entrenamiento para los padres.

• Educación sexual en el hogar.

• Un menor énfasis en el ministerio juvenil como una entidad separada.

• Un mayor énfasis en los programas de padres e hijos, tales como retiros, proyectos de servicio y clases de escuela dominical.

• La transferencia de la responsabilidad de la mayor parte de la capacitación y el discipulado, desde la iglesia hacia el hogar. (Para obtener más información sobre esta «perspectiva del núcleo familiar» lee «El Ministerio Intergeneracional que funciona», a partir de la página 19).

El Ministerio hacia las familias de la iglesia necesita desafiar a los cristianos a expandir las fronteras de su núcleo familiar, extendiendo una hospitalidad que abrace a otros en sistemas familiares ampliados.
-David E. Garland, *A Biblical Foundation for Family Ministry* [Un fundamento bíblico para el Ministerio a la Familia].

Fortalezas de la perspectiva del núcleo familiar

Está claro que a lo largo de toda la historia de la fe, Dios ha deseado que el núcleo familiar sea el principal medio para el discipulado de los hijos. El enfoque de este ministerio está diseñado para equipar a la familia para la tarea que Dios le ha encomendado.

Posibles problemas

La mayoría de los padres se sienten incapaces de llevar a cabo la tarea de conducir a sus hijos más cerca de Jesucristo, o al menos de hacerlo en una manera significativa. Muchos padres se sienten culpables en lo que respecta a la fe. Las iglesias que ponen demasiado énfasis en la responsabilidad de los padres de criar y discipular a sus hijos, pueden terminar creando una mayor sensación de frustración y culpabilidad en ellos. Si las iglesias ejercen presión sobre los padres sin ofrecerles ayuda específica para cada grupo etario (por ejemplo un programa de ministerio juvenil muy dinámico), las personas pueden perderse. Un problema adicional es que la perspectiva del núcleo familiar tiende a ignorar las necesidades y los problemas de las familias «no tradicionales» que no tienen los recursos, la salud, ni el sistema familiar necesario para sacar provecho de esta visión.

3 LA PERSPECTIVA DE LA IGLESIA COMO UNA FAMILIA.

Aquellos que trabajan con este enfoque consideran el ministerio hacia las familias en un sentido mucho más amplio de lo que lo hacen quienes apoyan las otras perspectivas.

El Modelo de Brady

Basándose principalmente en el Nuevo Testamento, los que sostienen este punto de vista ven a la iglesia local como el modelo de Dios para la familia. Por ejemplo, en Mateo 12:48-50, Jesús pregunta lo siguiente: «—¿Quién es mi madre y quiénes son mis hermanos?—replicó Jesús. Señalando a sus discípulos, añadió: —Aquí tienen a mi madre y a mis hermanos. Pues mi hermano, mi hermana y mi madre son los que hacen la voluntad de mi Padre que está en el cielo». De acuerdo a este modelo, la función principal de la iglesia es la de ser una comunidad de fe tan unida, que cada núcleo familiar se sienta animado a unirse y no a separarse. Las «barreras de protección» y los «centros médicos para crisis» del punto de vista terapéutico/de consejería también resultan necesarios en este modelo, pero suelen ser parte del cuidado de una iglesia, o de un ministerio de consejería, en lugar de ser solo parte de su ministerio hacia las familias.

Dentro de los programas y filosofías que reflejan este punto de vista encontramos:

• Un énfasis en los programas y actividades intergeneracionales (independientemente de la composición familiar o la etapa de la vida en que se encuentre cada uno).

• Una preocupación y compromiso congregacional por y para los ministerios de jóvenes y de niños.

• Una iglesia con amplia voluntad para llevar todos los programas hacia un enfoque único del ministerio, viéndose a sí mismos como parte de una familia y una comunidad. (Lee «El Ministerio Intergeneracional que funciona», a partir de la página 19 para obtener más información sobre este punto de vista.)

Fortalezas de la perspectiva de la iglesia como una familia

Esta perspectiva pareciera representar mejor la expresión que se ve en el Nuevo Testamento de la iglesia local. No descarta ni disminuye el rol y la responsabilidad de los padres para criar a sus hijos en un hogar que sirva al Señor, y de hecho, fortalece y apoya ese rol. Pero a aquellos que necesitan una ayuda adicional, ya sea por causa de su historia familiar, debido a una fe relativamente nueva o superficial, o por cualquier otro factor que pudiera inhibir el discipulado en el contexto del núcleo familiar, la iglesia les provee una «familia extendida».

Posibles problemas

Cuando una iglesia pone un gran énfasis en la comunidad y el compañerismo, incluso por encima de las necesidades y de los problemas individuales de la familia, puede terminar dañando el sistema familiar de cada familia en particular. Por ejemplo, el programa de un ministerio juvenil que tiene un fuerte ministerio de grupos pequeños y varias reuniones semanales poderosas, podría llegar a alejar a un joven de su familia. Después de todo, ¿cómo podría una noche de juegos de mesa y conversaciones en el living de casa competir con un centenar de chicos llenos de energía pasando un buen rato juntos?

El MINISTERIO INTERGENERACIONAL *QUE FUNCIONA*

LA SABIDURÍA DE UNA PERSPECTIVA QUE MEZCLA Y COMBINA

No existe, y tal vez nunca exista, una entidad claramente identificable que sea conocida como «Ministerio Intergeneracional». Pero cada iglesia y cada organización tendrá que decidir tres cosas en su intento por crear un ministerio intergeneracional que funcione:

1   Qué es lo que las personas de la iglesia y la comunidad que la rodea necesitan.

2   Cómo afectan sus características distintivas como institución a un posible movimiento intergeneración al que resulte acogedor.

3   De qué recursos (personas, instalaciones, dinero e historia) dispone la iglesia u organización para satisfacer las necesidades identificadas en el punto 1.

Es importante que cuando las iglesias y organizaciones evalúen su futuro, hagan todo lo posible por incluir los tres modelos del ministerio intergeneracional que vimos anteriormente: la perspectiva terapéutica/de consejería, la del núcleo familiar, y la de la iglesia como una familia. (Si no lo hiciste, lee el capítulo anterior para conocer estos modelos). El Ministerio Intergeneracional efectivo es una filosofía con tres puntos de vista sobre cómo «hacemos iglesia». No es un programa, pero sin embargo involucrará programas. No es educación, aunque ofrecerá algunas oportunidades para aprender. Es más bien una forma bíblica de cuidar a todas las personas a las que servimos en la iglesia de Jesucristo, cualquiera que sea su sexo y edad.

En resumen, el Ministerio Intergeneracional es un acercamiento completo a las familias, una perspectiva amplia. La esencia del Ministerio Intergeneracional es una actitud hacia las familias que debe estar integrada en todos los aspectos de la vida de la iglesia... La iglesia es más como una familia que cualquier otra cosa.
- Royce Money, *Ministering to Families* (Ministrando a las familias)

TRES COMPONENTES DEL MINISTERIO INTERGENERACIONAL QUE FUNCIONA

1. Cada iglesia debe contar con un ministerio de consejería o de ayuda.

Desde el principio de los tiempos (desde el Antiguo Testamento, pasando por el ministerio de Jesús y los apóstoles, y hasta la actualidad) un rol crucial y central para la fe de la comunidad ha sido mostrar misericordia, amor y compasión por los perdidos, los quebrantados y los heridos del mundo. No importa cómo se llame, cada iglesia debe tener un ministerio de ayuda, capacitado y comprometido para proveer «barreras de protección» (programas de prevención), y «centros médicos» (programas de cuidado, y personas dispuestas a ayudar a otros en tiempos de crisis), tanto para las personas de dentro de la iglesia, como para aquellos que se encuentran en los rincones más oscuros de la comunidad.[1]

A pesar de ser muy necesario, este ministerio de ayuda no debería ser considerado como la única manifestación del ministerio intergeneracional en una iglesia. Aunque un ministerio de ayuda es vital para la salud de la iglesia moderna, éste apenas llega hasta la superficie de las necesidades de la congregación, y mucho menos de la comunidad en general.

---

1 En la actualidad, en más de 7.000 congregaciones, existen los llamados Ministros Stephen, cristianos que tienen el deseo de acompañar a las personas en sus tiempos de necesidad, de dolor, o en una crisis. Estos miembros (laicos pero entrenados) pertenecientes a la congregación, visitan semanalmente una por una a las personas que están sufriendo, escuchándolas, ofreciéndoles recursos y derivándolos (si es necesario), orando con y por ellos, y ofreciéndoles amor y apoyo cristiano. Para obtener información sobre el muy completo sistema de entrenamiento y sobre la organización de estos laicos para el ministerio de cuidados dentro y alrededor de sus congregaciones, puedes ponerte en contacto con Stephen Ministers, 2045 Innerbelt Business Center Drive, St. Louis, MO 63114-5765, Teléfono: 314/428-2600, Fax: 314/428-7888, Estados Unidos de Norteamérica.

2. Cada iglesia debe tomar en serio las necesidades y los problemas del núcleo familiar.

El núcleo familiar necesita ayuda. Mientras que los líderes de jóvenes y pastores se desgastan por la falta de apoyo de los padres hacia sus programas de ministerio juvenil, la realidad es que los padres de hoy están más solos, fragmentados y desanimados que nunca. La cultura avanza a un ritmo increíble, y los padres de hoy están corriendo tan rápido como pueden, simplemente para poder mantener sus trabajos, su dinero, su matrimonio, sus horarios, e incluso su propia salud. A pesar de que se les culpa de no preocuparse mucho por sus hijos, la mayoría de los padres de hoy sufren en secreto y se preguntan «¿Le importo a alguien?». La iglesia debe hacer todo lo posible por cuidar y fortalecer la frágil institución familiar.

Desde ideas de entrenamientos para padres («Talleres que funcionan», página 85), hasta una lista de las formas en las que se puede dañar inadvertidamente a una familia («Si quieres dañar a una familia haz esto», página 97), este libro te proporcionará una montaña de información práctica para hacer una diferencia en los núcleos familiares de tu iglesia. Si las iglesias y las organizaciones paraeclesiásticas no hacen ningún otro intento por ser acogedores con las familias, al menos con esto deberían tener éxito.

Lo que NO es un Ministerio Intergeneracional:

- Edificios o instalaciones.
- Simplemente un catálogo de programas de la iglesia o de la comunidad.
- Un apéndice más de los continuamente crecientes programas de una iglesia.
- Una moda pasajera.
- Un ministerio solo para núcleos familiares compuestos de mamá, papá, e hijos. (Debe ser relevante para las necesidades de todos.)
- Algo solo para las familias de la iglesia.
- Simplemente un servicio de consejería.
- Algo necesariamente caro.

3. Cada iglesia debe verse a sí misma como la familia de Dios... y después diseñar sus programas acorde a eso.

Jesús lo sabía y los escritores del Nuevo Testamento lo sabían, pero al parecer la iglesia moderna lo ha olvidado: Cada persona necesita estar conectada, de forma individual e íntima, con otras personas, a fin de dar sentido a su vida de fe. Por mucho que tratemos de individualizar nuestra experiencia religiosa, no podemos escapar al hecho de que Dios nos creó para que nos necesitemos mutuamente. Jesús mismo preguntó: «— ¿Quién es mi madre, y quiénes son mis hermanos? —replicó Jesús. Señalando a sus discípulos, añadió: —Aquí tienen a mi madre y a mis hermanos. Pues mi hermano, mi hermana y mi madre son los que hacen la voluntad de mi Padre que está en el cielo». (Mt. 12.48-50). La iglesia está destinada a ser el pueblo de Dios, una comunidad de creyentes, y una familia de fe, y este es un principio central en la Biblia y en la historia de la iglesia.

– la – IGLESIA
FRAGMENTADA

La iglesia moderna ha sido descrita como un pulpo sin cerebro, como una colección de brazos que actúan de forma independiente, sin una unidad central de procesamiento que coordine sus acciones. En muchas iglesias, especialmente en las grandes, cuando parece que un ministerio específico es un paso importante a seguir (el ministerio de jóvenes, por ejemplo), la solución suele ser simplemente iniciar un programa. A veces este proceso comienza con la contratación de una persona para el staff, pero por lo general implica reunir a varias personas con mentalidad afín, para tener una lluvia de ideas con respecto al nuevo proyecto.

Pronto viene el lanzamiento, se corre la voz y el programa está listo y funcionando... Será una nueva entidad en un mar de entidades, a menudo desconectadas, bajo el solitario paraguas de la iglesia local. Al poco tiempo, esta emocionante, novedosa, necesaria y vanguardista visión se convierte en solo un programa más dentro del boletín de la iglesia, lo cual sirve para anunciar a todos que, en efecto, la iglesia puede satisfacer cualquier necesidad imaginable.

Los ministerios dentro de la iglesia por lo general terminan compitiendo por el espacio, el dinero, los recursos, la atención, la concentración y el tiempo que estos programas necesitan para prosperar. Muchas iglesias modernas se han convertido en una santificada delicatessen, un delicioso conjunto de opciones entre las cuales se puede elegir.

Sin embargo, es responsabilidad del individuo organizar sus propias comidas. A la larga, esta mezcla heterogénea de competencia programática crea una congregación confundida y dividida, dado que las personas se preguntan a dónde ir para involucrarse de manera significativa con el pueblo de Dios.

Estructuralmente, el culto dominical es visto como una gran entidad, y los otros programas de la iglesia son vistos como entidades individuales con sus propias inquietudes, filosofías, pasiones y defensores. En la mayoría de iglesias estos programas no están vinculados de manera práctica o inclusive filosóficamente el uno con el otro, y son, de hecho, competidores. Un diagrama de esta estructura podría ser algo como esto:

En el fondo, el ministerio hacia las familias está relacionado con la naturaleza de la iglesia, no tan solo con su labor. Un ministerio hacia las familias no es un mero apéndice de la organización de la iglesia.
Al igual que las misiones, debe estar integrado a la vida de la iglesia.
-Charles Sell, F*amily Ministry* (Ministerio familiar)

¿CUÁL ES LA SOLUCIÓN?

La tarea de la iglesia es la de crear un entorno en el cual las palabras de Pablo a la iglesia en Filipos pueden echar raíces:

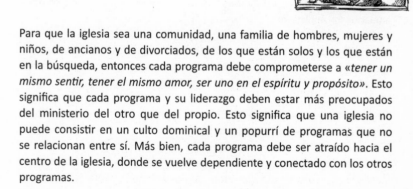

«Por tanto, si sienten algún estímulo en su unión con Cristo, algún consuelo en su amor, algún compañerismo en el Espíritu, algún afecto entrañable, llénenme de alegría teniendo un mismo parecer, un mismo amor, unidos en alma y pensamiento. No hagan nada por egoísmo o vanidad; más bien, con humildad consideren a los demás como superiores a ustedes mismos. Cada uno debe velar no sólo por sus propios intereses sino también por los intereses de los demás» (Filipenses 2.1-4).

Para que la iglesia sea una comunidad, una familia de hombres, mujeres y niños, de ancianos y de divorciados, de los que están solos y los que están en la búsqueda, entonces cada programa debe comprometerse a «*tener un mismo sentir, tener el mismo amor, ser uno en el espíritu y propósito*». Esto significa que cada programa y su liderazgo deben estar más preocupados del ministerio del otro que del propio. Esto significa que una iglesia no puede consistir en un culto dominical y un popurrí de programas que no se relacionan entre sí. Más bien, cada programa debe ser atraído hacia el centro de la iglesia, donde se vuelve dependiente y conectado con los otros programas.

—Lo que— UNA **IGLESIA**
NECESITA PARA FUNCIONAR
COMO FAMILIA

1 UNA VISIÓN UNIFICADA DE TODOS LOS PROGRAMAS.

Para que una iglesia funcione como familia, debe estar comprometida con una visión unificada de todos los programas y del ministerio. Los programas de las iglesias han evolucionado hasta el punto en que muchos de ellos ahora funcionan como programas paraeclesiásticos, en el contexto y bajo el alero de una iglesia local. Tal vez esto comenzó con el Ministerio Juvenil, el cual algunas décadas atrás modeló gran parte de su programación siguiendo la exitosa labor pionera que Juventud para Cristo y Vida Estudiantil realizaron en los años 50 y 60. Hoy en día casi todos los programas ministeriales en una iglesia local funcionan como entidades independientes. Estos programas compiten por dinero, voluntarios y protagonismo, en su lucha por llevar adelante sus ministerios.

Este enfoque tan individualista eventualmente perjudica a las familias en una iglesia local. Las generaciones son segregadas unas de otras. Los niños rara vez se sientan con los adultos... si es que asisten a los cultos.

Los fieles de cada programa y ministerio se pelean en reuniones de directorio y otros ámbitos dentro de la iglesia.

La iglesia como cuerpo de Cristo en la Tierra debe revertir esta tendencia individualista, recordando que todos somos necesarios para construir una comunidad saludable. Cada programa debe verse a sí mismo como una parte de algo mayor que Dios está haciendo. Cada miembro del cuerpo debe estar preocupado por los demás miembros. Una visión unificada de la iglesia local es el primer paso para remodelar a la iglesia y convertirla en la familia de Dios.

Todos los aspectos cercanos y dinámicos de la vida familiar se encuentran en el cuerpo de la iglesia: estimar, cuidar, animar, reprender, confesar, arrepentirse, confrontar, perdonar, expresar amabilidad y comunicarse con sinceridad.

-Charles Sell, *Family Ministry* (Ministerio Familiar)

2 UN COMPROMISO CON LAS PERSONAS Y NO CON LOS PROGRAMAS.

La segunda cosa que debe ocurrir para que la iglesia local se convierta en una comunidad de tipo familia es que el liderazgo adopte la actitud de que las personas que Dios ha reunido son mucho más importantes que cualquier programa o trabajo del ministerio. Aunque casi todo el mundo estaría de acuerdo con esta afirmación en el plano teórico, en la práctica algunas personas en la iglesia suelen ser vistas como obstáculos que hay que superar o adversarios que hay que derrotar.

Las Escrituras no pueden ser más claras en este sentido. La noche anterior a la que Jesús fuera muerto, él les dijo a sus mejores amigos que el mundo sabría quiénes eran ellos por el amor que se tenían el uno al otro (Juan 13.34-35). Para Jesús no había nada más importante que el amor (Mateo 22.37-38). Para Pablo, el evangelio se resumía en una sola palabra: amor (Gálatas 5.14). El líder cristiano de hoy debe prestar atención a estas palabras, y estar absolutamente convencido de que Dios está mucho más interesado en cómo nos tratamos los unos a los otros, que en qué tan bien hacemos las cosas o cuánto éxito tienen nuestros programas y ministerios.

3 UN CALENDARIO ESTRATÉGICO Y COORDINACIÓN ENTRE LOS PROGRAMAS.

Solo después de que tanto los laicos como líderes ordenados:

—se hayan comprometido a crear una visión unificada de todos los programas y ministerios, y

—hayan acordado colocar las relaciones personales por encima de las prioridades programáticas o estratégicas, será que cambios prácticos, tales como la coordinación del calendario, harán una diferencia. No obstante, una vez que estos dos temas se hayan resuelto, deben ser tomados los pasos pragmáticos y prácticos para asegurar que las prioridades de unidad y visión se lleven a cabo. (Lee en la página 52 acerca de un calendario amigable para las familias.)

4 UNA CONEXIÓN INTERGENERACIONAL.

Si tu iglesia todavía no tiene un culto dominical al año dedicado especialmente a los jóvenes, este evento puede ser el comienzo de un ministerio intergeneracional... Pero es solo un comienzo (y bastante pobre por cierto).

Debido a que las iglesias operan en contextos muy diversos, esta conexión intergeneracional puede darse de manera diferente en cada iglesia. Sin embargo, esta es una idea de cómo podría ser:

• Que haya un lugar para adolescentes y jóvenes en los comités de la iglesia. Y no solo un lugar simbólico, como meros observadores, sino un puesto como miembros contribuyentes (aunque jóvenes) de la iglesia, cuya presencia alrededor de la mesa y cuyo aporte son apreciados y valorados.

La iglesia puede ser una familia para las familias, y una fuente de identidad y apoyo para núcleos familiares aislados, si sigue estos principios:
1. Debe ser un lugar de diversidad.
2. Debe ser un lugar donde las personas puedan llegar a conocerse íntimamente.
3. Cada uno de sus miembros debe tener un rol que cumplir.
   –Jack O. Balswick y Judith K. Balswick, *The Family* [La Familia].

• Que haya tantos adultos de mediana y avanzada edad sirviendo como voluntarios en el grupo de jóvenes como adultos jóvenes. Una vez que logres que los adolescentes vean más allá de los estereotipos y bromas sobre «los viejos», observarás que por lo general se sienten halagados al recibir la atención dedicada de un adulto mayor.

- Que haya en la iglesia al menos la misma cantidad de eventos y programas para la familia entera, como hay eventos y programas para personas con edades específicas. El staff de tu iglesia debería sentarse una vez al año o una vez cada trimestre, junto con los líderes, directores o pastores de cada ministerio, para tomar en cuenta los diversos eventos y programas y después hacer la siguiente pregunta: «¿Cómo podemos entonces programar, organizar y llevar a cabo por lo menos la mitad de estos eventos y programas de manera que los convirtamos en eventos a los que todos los miembros de la iglesia (personas solteras, familias ya sea con bebés, infantes o adolescentes, padres solteros y adultos mayores) puedan asistir y disfrutar juntos?»

- Que haya estudiantes de secundaria que sean miembros regulares del coro de la iglesia.

El secreto para hacer que estas ideas funcionen es un compromiso firme por parte de los líderes de la iglesia hacia una visión global unificada donde las necesidades de las personas sean la principal preocupación, cuidado y oración en la iglesia.

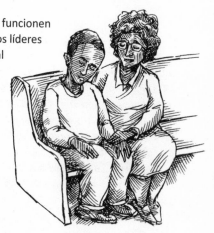

 El rol del equipo pastoral en esta idea de la iglesia como una familia de familias, asume cinco funciones:
- Promover la integración de las familias.
- Estimular la adaptabilidad de las familias.
- Facilitar los ajustes dentro de las familias.
- Fomentar la individuación.
- Desarrollar el sentido de comunidad.
    - Dennis Guernsey, *A New Design for Family Ministry* [Un nuevo diseño para el ministerio a las familias].

9 PREGUNTAS *para el* DEBATE

QUE PUEDEN ORIENTAR LA PROGRAMACIÓN

EN TU IGLESIA

La iglesia de Jesucristo está llamada a ser una familia, un pueblo de Dios, y una comunidad vital. ¿Qué cambios deben hacerse en tu iglesia con el fin de responder plenamente a este llamado? Aquí hay nueve preguntas para debatir con otras personas de tu staff de modo que puedan evaluar con franqueza la situación de tu iglesia particular.

LA IGLESIA COMO FAMILIA

«Aunque como apóstoles de Cristo hubiéramos podido ser exigentes con ustedes, los tratamos con delicadeza. Como una madre que amamanta y cuida a sus hijos, así nosotros, por el cariño que les tenemos, nos deleitamos en compartir con ustedes no sólo el evangelio de Dios sino también nuestra vida. ¡Tanto llegamos a quererlos! [...] Saben también que a cada uno de ustedes lo hemos tratado como trata un padre a sus propios hijos. Los hemos animado, consolado y exhortado a llevar una vida digna de Dios, que los llama a su reino y a su gloria» (1 Tesalonicenses 2.7-8, 11-12).

A veces, tu mejor herramienta de planificación puede ser la goma de borrar.

-Tim Smith

1 ¿Los integrantes de tu staff se conocen entre sí y se divierten juntos? (Es decir, ¿con un modelo de familia extendida para el resto de la iglesia?)

2 ¿Tiene cada unidad familiar en tu iglesia una conexión espiritual significativa por lo menos con otras dos familias en la iglesia?

3 En tiempos de crisis, así como en tiempos de celebración, ¿existe una relación auténtica entre las personas de tu iglesia? ¿Se preocupan realmente las personas de tu congregación los unos por los otros?

LA IGLESIA COMO PUEBLO DE DIOS

«Por eso yo, que estoy preso por la causa del Señor, les ruego que vivan de una manera digna del llamamiento que han recibido, siempre humildes y amables, pacientes, tolerantes unos con otros en amor. Esfuércense por mantener la unidad del Espíritu mediante el vínculo de la paz. Hay un solo cuerpo y un solo Espíritu, así como también fueron llamados a una sola esperanza; un solo Señor, una sola fe, un solo bautismo; un solo Dios y Padre de todos, que está sobre todos y por medio de todos y en todos» (Efesios 4.1-6).

4 ¿Cuál es el «señor» en tu iglesia? ¿Poder, tradición, programas, o Jesús?

5 ¿Se valoran en tu iglesia de igual manera las relaciones auténticas, así como se valora la verdad?

6 ¿Sus acciones como pueblo (cultos de adoración, clases de escuela dominical, comités, misiones) los acercan más a Dios?

LA IGLESIA COMO COMUNIDAD

«Por su acción todo el cuerpo crece y se edifica en amor, sostenido y ajustado por todos los ligamentos, según la actividad propia de cada miembro [...] Así que les digo esto y les insisto en el Señor: no vivan más con pensamientos frívolos como los paganos. A causa de la ignorancia que los domina y por la dureza de su corazón, éstos tienen oscurecido el entendimiento y están alejados de la vida que proviene de Dios. Han perdido toda vergüenza, se han entregado a la inmoralidad, y no se sacian de cometer toda clase de actos indecentes» (Efesios 4.16-19).

 La forma de comunicar, la atmósfera y la actitud, pueden hacer que los programas existentes sean más eficaces.
- Richard P. Olson y Joe H. Leonard, Jr., *Ministry With Families in Flux* [Ministerio con familias en proceso de cambio], EE.UU.

7 Piensa en cómo se planifican y cómo se llevan adelante los programas en tu iglesia. Los programas, ¿alientan la construcción de relaciones (tanto dentro del núcleo familiar como intergeneracionales), simplemente las toleran, o en realidad las socavan?

8 Las expresiones de «comunidad» en tu iglesia, ¿son reales y profundas, o son tan solo superficiales?

9 Las personas de tu iglesia, ¿realmente se conocen entre sí? ¿Les importa saber el uno del otro?

Las personas necesitan desesperadamente la vida en comunidad, y también una vida familiar significativa. Debemos ofrecer vida en comunidad y un compañerismo significativo para las familias cristianas. Eso es parte de ser la familia de Dios.

- Royce Money, *Ministering to Families* [Ministrando a las familias].

MINISTERIO INTERGENERACIONAL

EN 5 IGLESIAS:
UNA FOTOGRAFÍA

Dado que «Ministerio intergeneracional» o «Ministerio a las familias» significa cosas muy diferentes en las distintas iglesias, no hay dos de ellas que utilicen el mismo modelo de ministerio. En las siguientes páginas leerás acerca de cómo cinco iglesias distintas definieron su ministerio intergeneracional. Estas declaraciones fueron escritas por las propias iglesias.

MINISTERIO INTERGENERACIONAL EN LA IGLESIA DE MEADOW PARK, OHIO, EE.UU.

La «Junta de Ministerios de Vida Familiar» se creó para proveer un cuerpo, dentro de la estructura organizativa de la Iglesia de Meadow Park, que actuara como defensor de la familia, que iniciara y apoyara ministerios específicos dirigidos a las familias, tanto dentro como fuera de la membresía de la iglesia.

Basada en la creencia, expresada por Marjorie Thompson en *Family, The Forming Center* [La familia, el Centro de Formación] de que «la familia... es el lugar fundamental para la formación espiritual», la Junta considera que sus prioridades son las de ofrecer apoyo, educación, intervención en momentos de crisis, y oportunidades de becas para muchos tipos distintos de unidades familiares.

¡Familia es una palabra grande!

Familia puede significar...

• un núcleo familiar tradicional,

• un padre soltero con hijos,

• una familia ensamblada (dos padres con sus respectivos hijos e hijastros),

• un adulto soltero,

• un núcleo familiar tradicional con algunos miembros más,

• ¡O nuestra propia familia extendida de la iglesia!

(Traducido de materiales promocionales de la Iglesia de Meadow Park, Columbus, Ohio, EE.UU.)

MINISTERIO PARA MATRIMONIOS Y FAMILIA DE LA PRIMERA IGLESIA PRESBITERIANA EN MARGATE, FLORIDA, EE.UU.

Propósito

Implementar un ministerio de recursos proactivos para construir individuos, parejas y familias sólidas centradas en Cristo, en la Primera Iglesia Presbiteriana, en las comunidades locales, y a nivel nacional, a través de un ministerio que continuamente prepare y equipe a individuos, parejas y familias en cada etapa de transición de la vida familiar y para proveer, según sea necesario, los ministerios terapéuticos claves en cada momento.

Enfoques del ministerio

• Enfoque proactivo (preventivo): El 70% del ministerio para matrimonios y familias estará desarrollando e implementando programación educativa (a corto plazo), y de enriquecimiento (a largo plazo, de seis meses a dos años o más).

• Enfoque terapéutico: El 30% del ministerio para matrimonios y familias estará desarrollando e implementando, según sea necesario, programas de terapia (ánimo, confrontación y apoyo).

(Traducido de *Marriage and Family Ministry* [Ministerio para matrimonios y familia] por Dale Goodman, de la Primera Iglesia Presbiteriana, Margate, Florida, EE.UU.)

MINISTERIO PARA PADRES DE ADOLESCENTES EN LA IGLESIA DE MARINERS SOUTH COAST EN IRVINE, CALIFORNIA, EE.UU.

Declaración de misión: Construir familias saludables, ofreciendo apoyo, esperanza, entrenamiento y la gracia de Dios a los padres y a sus hijos adolescentes.

Versículo clave: *«Si el SEÑOR no edifica la casa, en vano se esfuerzan los albañiles. Si el SEÑOR no cuida la ciudad, en vano hacen guardia los vigilantes. En vano madrugan ustedes, y se acuestan muy tarde, para comer un pan de fatigas, porque Dios concede el sueño a sus amados. Los hijos son una herencia del SEÑOR, los frutos del vientre son una recompensa. Como flechas en las manos del guerrero son los hijos de la juventud. Dichosos los que llenan su aljaba con esta clase de flechas. No serán avergonzados por sus enemigos cuando litiguen con ellos en los tribunales»* (Salmos 127.1-5).

Ya no es una cuestión de si voy a adoptar o no un enfoque más centrado en la familia para el ministerio juvenil. Ahora solo es cuestión de cómo lo voy a hacer.

- Dave Rahn, *Parafamily Youth Ministry* (Ministerio Juvenil Parafamiliar), Group Magazine.

Programas:

- Talleres. De seis semanas, realizados ya sea los domingos por la mañana o bien los martes por la noche.

- Especiales de un día. Luau, noche de debates entre familias, competencia de paintball, etc.

- «El gran evento». Un seminario especial de tres horas realizado una vez al mes, ya sea los viernes por la noche o los sábados por la mañana.

- Retiros. «Campamento para hombres muy hombres», para padres e hijos, un fin de semana en las montañas juntos, y «Retiro para chicas y mujeres», para madres con sus hijas.

(Traducido de: *Got teens?* [¿Tienes adolescentes?], una publicación de la Iglesia de South Coast Mariners, Irvine, California, EE.UU.)

LA «FAMILIA DE CREYENTES» DE LA IGLESIA CRISTIANA DE HIGHLAND PARK EN TULSA, OKLAHOMA, EE.UU.

La Iglesia Cristiana de Highland Park es una familia de creyentes. Eso expresa la premisa del Ministerio Intergeneracional aquí en Highland Park. Creemos que, independientemente de tu estado civil o de las relaciones familiares naturales, cada miembro de Highland Park se relaciona individualmente con todos los demás miembros en virtud de nuestra adopción dentro de la familia de Dios.

El propósito del Ministerio Intergeneracional en Highland Park es fortalecer a las familias, ayudándolas a construir relaciones más profundas con Cristo y con los demás. Nuestro enfoque se centra en temas de matrimonio y familia. Ofrecemos apoyo y entrenamiento para ayudar a cada familia en particular, dentro de la familia de la iglesia, a que se relacionen entre sí más eficazmente, a fin de que sean modelados plenamente a imagen del carácter de Jesús. El resultado es el crecimiento personal, familiar y colectivo.

(Traducido del folleto *Allow Us to Introduce You to Our Family* [Permítanos presentarle nuestra familia], por la Iglesia de Highland Park en Tulsa, Oklahoma, EE.UU.)

La Familia del Futuro

• El cambio vendrá más lento.

• Habrá más solteros.

• La cuestión de PSOCR (una nueva categoría creada por la Oficina del Censo de USA en 1980: «Personas del sexo opuesto compartiendo residencia»).

• Habrá más familias monoparentales.

• El tiempo para la crianza de los hijos se verá acortado.

• Habrá «nidos vacíos» por un tiempo más prolongado.

• Habrá más adultos mayores.

   - Dennis Guernsey, *A New Design for Family Ministry* (Un nuevo diseño para el ministerio a las familias).

MINISTERIO INTERGENERACIONAL EN LA IGLESIA DE LA GRACIA EN EDINA, MINNESOTA, EE.UU.

En la Iglesia de la Gracia estamos comprometidos con el ministerio de ayudar a las familias en el proceso vital del crecimiento de sus hijos en la gracia y el conocimiento de nuestro Señor Jesucristo.

Hay tres lineamientos que tenemos en el Ministerio Intergeneracional:

- Nuestra misión es desarrollar seguidores fieles de Jesucristo. Nos esforzamos por hacer esto en todos los aspectos de la División de Ministerios Intergeneracionales... Queremos que las familias crezcan en su relación con Cristo.

- Las personas tienen prioridad sobre los programas. Nuestro ministerio intergeneracional comienza con conocerte a ti, así como a cada familia en particular, y desde esa perspectiva, procuramos ayudarte a desarrollar tu relación con Dios, con tu cónyuge y con tus hijos.

- Las familias son una prioridad. Estamos comprometidos a ayudarte a ti y a tu familia de manera específica. Es por eso que contamos con un gran staff que desea ser de ayuda para ti en cualquier forma posible.

(Traducido del folleto de Ministerio a las Familias de Grace Church, en Edina, Minnesota, EE.UU.)

- *Creando un* - # MINISTERIO INTERGENERACIONAL EXITOSO

2

4 *opciones para* INTEGRAR

A LOS JÓVENES CON EL MINISTERIO HACIA

LAS FAMILIAS

1 MINISTERIO JUVENIL QUE ACOGE A LAS FAMILIAS.

Aunque en este modelo el ministerio hacia las familias es en última instancia responsabilidad de la iglesia, el Ministerio Juvenil hace un esfuerzo consciente por programar de forma que se muestre conciencia y sensibilidad hacia los temas que las familias enfrentan, incluyendo las finanzas, las ocupaciones y el tiempo juntos.

2 MINISTERIO JUVENIL ENFOCADO A LAS FAMILIAS.

Este modelo implica lo que Dave Rahn del Huntington College llama «enfoque *barra*» al programar: padre/hijo, madre/hija, hermano/hermana. Al menos es un alejamiento de los eventos del ministerio enfocado únicamente en la juventud, hacia un ministerio intergeneracional (especialmente en el ámbito del núcleo familiar). En esta configuración, la responsabilidad más importante del ministerio intergeneracional está fuera del programa del ministerio juvenil, pero este ministerio dedica gran cantidad de tiempo y energía a los programas para la familia.

3 MINISTERIO A LAS FAMILIAS ENFOCADO A LA JUVENTUD.

Este modelo es un cambio tanto en el pensamiento como en la programación. De acuerdo con esta perspectiva, el propósito del ministerio juvenil es apoyar lo que Dios hace dentro y a través de los hogares. El pastor de jóvenes (y su staff) equipan a los padres y a los jóvenes para que fomenten un ambiente de madurez espiritual y entrenamiento en el contexto de su sistema familiar.

4 MINISTERIO A LAS FAMILIAS QUE ACOGE A LOS JÓVENES.

Desde el marco histórico del ministerio juvenil, este es el modelo más radical de todos. Esencialmente, la familia es el objetivo clave y el enfoque del ministerio de toda la iglesia. El supuesto es que si la familia se está fortaleciendo, entonces los adolescentes también lo harán, dentro de esa familia.

Perfecto, entonces... ¿cuál es el mejor enfoque? Es responsabilidad de cada iglesia decidir qué enfoque se adapta mejor a las necesidades específicas de su congregación. Cada situación es única, y cada iglesia se enfrenta a cambios constantes. Cuestiones demográficas, expectativas, crecimiento, recursos y también las instalaciones físicas de la iglesia deberán ser considerados cuidadosamente antes de elegir algún modelo de ministerio de jóvenes y ministerio a las familias.

(Traducido y adaptado de *Parafamily Youth Ministry* [Ministerio Juvenil Parafamiliar], por Dave Rahn, publicado en Group Magazine en mayo/junio de 1996).

Formas en que las familias necesitan ser fortalecidas:

- Comunicación saludable.

- Afirmación, apoyo y reconocimiento.

- Sentimientos de confianza, respeto mutuo y responsabilidad compartida.

- Desarrollar un sentido de compromiso.

- Tiempo juntos.

- Convicciones espirituales y valores.

- Alcanzar a otros.

  - Royce Money, *Ministering to Families* (Ministrando a las familias).

PREGUNTAS *que debes hacerte*

AL CONTEMPLAR LA IDEA DE COMENZAR UN

MINISTERIO
INTERGENERACIONAL

¿Estás pensando en darle un énfasis a la familia en tu ministerio juvenil? Hazte a ti (y a tu equipo) las siguientes preguntas antes de elegir un rumbo de acción:

- ¿Qué cosas estamos haciendo ahora únicamente para los jóvenes, las cuales podríamos modificar para así ser más acogedores con las familias?

- ¿Cómo podemos, de manera natural, ayudar a conectar a los muchachos con sus padres y hermanos?

- ¿Qué cosas de las que estamos haciendo podemos abandonar con el fin de añadir más programas acogedores para las familias?

- ¿De qué manera(s) estamos (sin querer) hiriendo a las familias de nuestra iglesia? (Lee «Si quieres dañar a una familia, haz esto», página 97.)

- ¿Hasta dónde podemos impulsar a nuestra congregación hacia un ministerio a las familias? ¿Hasta dónde seremos capaces de empujarlos en los próximos tres a seis meses? ¿En dónde queremos estar dentro de dos años?

No tan acogedores con la familia

Acogedores con la familia

Mantén un registro preciso de las familias.

Verifica regularmente la precisión del listado de los nombres y apellidos de tus jóvenes, incluyendo los nombres compuestos, nombres internacionales y apellidos múltiples. Para los chicos cuyos padres están divorciados o separados, mantén registros precisos de ambos padres, incluso de aquellos que vivan en otro lugar. Asegúrate de enviarles a ambos padres cualquier material que se esté enviando para las familias.

7 PASOS *hacia un* MINISTERIO JUVENIL —*basado en*— LAS FAMILIAS

1 COMIENZA LENTO.

Tanto con las personas como con la iglesia, el enfoque de «pequeños pasos» es la mejor forma de entender y aceptar este nuevo movimiento.

2 CONSIGUE APOYO ANTES DE COMENZAR.

El cambio rara vez resulta fácil. En general, muchas personas se resisten enérgicamente. Antes de comenzar, haz que varios más se suban a bordo de tu idea, para que el cambio sea mejor recibido por parte del resto.

3 PLANIFICA LAS PEQUEÑAS COSAS.

Todas las cuestiones, tales como el tiempo, el transporte, las finanzas, y el cuidado de los niños pequeños, deben ser consideradas cuando se trata de programas del ministerio intergeneracional.

4 DESARROLLA UNA MENTALIDAD CALENDARIZADA.

Uno de los problemas que muchas iglesias tienen es que los distintos ministerios no tienen idea de cómo sus programas afectan a los otros ministerios. Asigna a alguien responsable de supervisar todo el calendario de la iglesia para asegurarse de que la iglesia como un todo acoja a las familias. (Lee «El calendario de una iglesia acogedora con las familias» en la página 52.)

Apoyo a las familias monoparentales

En el ministerio intergeneracional en Flux, EE.UU., Richard Olson y Joe Leonard sugirieron que de alguna forma cada iglesia debería proporcionar tres niveles de apoyo a las familias monoparentales:

- El apoyo formal que ofrece (o al menos proporciona referencias de) servicios que van desde el asesoramiento terapéutico profesional hasta la intervención en tiempos de crisis.

- El apoyo informal, que consiste en ayuda personalizada y oportunidades de participar en algún tipo de apoyo grupal, ya sea para familias monoparentales exclusivamente, o en ámbitos más amplios de la iglesia, en los cuales los padres solteros se sientan bienvenidos y cómodos.

- Diversas conexiones informales a través de todas las generaciones en la iglesia. La investigación de Olson y Leonard señala que «de hecho, los padres solteros buscan más el apoyo informal de amigos y grupos».

5 COMPROMÉTETE ANTES DE EMPEZAR.

El cambio hacia un ministerio juvenil basado en la familia no es un movimiento programático que tú puedas simplemente «probar por un tiempo». El compromiso con un énfasis a la familia debe representar un cambio fundamental en cómo, por qué y con quién hacer el ministerio. Si este cambio ha de funcionar, debes tener claro que no hay vuelta atrás.

6 ASUME UN RIESGO CALCULADO IMPLEMENTANDO NUEVAS IDEAS NO TRADICIONALES, E INCLUSIVE ALGUNAS IDEAS LOCAS.

Un compromiso hacia un tipo de ministerio juvenil que acoja a las familias es la oportunidad perfecta para probar todo tipo de nuevas ideas. Después de todo, ¡alguien tuvo que ser el primero en intentar una *«Noche de Encierro»* con chicos de secundaria!

7 BUSCA MANERAS DE TOMAR ALGO VIEJO Y HACERLO NUEVO.

La mayoría de los programas se «añejan» cuando la gente simplemente hace lo que siempre ha hecho. Algunas de las ideas más creativas del ministerio implican revitalizar una idea «añeja», agregándole un pequeño cambio.

Planificación para el ministerio intergeneracional (una propuesta):

1. Define el problema.

2. Fija los objetivos.

3. Identifica las restricciones a las posibles soluciones.

4. Enumera varias soluciones posibles.

5. Selecciona tentativamente la solución más factible.

6. Identifica personas claves que deberían participar en el siguiente paso.

7. Enumera los pasos o actividades que la solución propuesta implicará.

8. Establece un horario para esas actividades.

9. Identifica los recursos que se necesitarán.

10. Ten un plan para poder evaluar y modificar los planes.

- Royce Money, *Ministering to Families* [Ministrando a las familias].

Estableciendo una **COMISIÓN**
— para el — MINISTERIO
INTERGENERACIONAL

Una comisión para el ministerio intergeneracional puede ser una herramienta eficaz para ayudar a la iglesia a ser más acogedora con las familias. Esta es una manera posible de organizar esa comisión:

- Se compone de cinco a ocho personas.

- Si es posible, debe incluir un representante de cada uno de los ministerios más importantes de la iglesia.

- Incluye a quienes toman las decisiones en los distintos ministerios de la iglesia.

- Incluye a las personas que estén más interesadas en la iglesia como un todo, por sobre su propio programa o ministerio.

- Incluye a personas que estén dispuestas a amarse, como requisito previo para la toma de decisiones programáticas.

- Refleja los cambios demográficos, así como la estructura programática de tu iglesia.

- Aunque parezca irónico, las personas más ocupadas suelen ser los mejores miembros de una comisión para el ministerio intergeneracional. Muy a menudo, las personas ocupadas están ocupadas porque se interesan y tienen la capacidad de hacer que las cosas se hagan. Si reclutas a personas ocupadas, por supuesto asegúrate de que las reuniones estén organizadas y vayan al grano.

• Distribuye la lista de asuntos a tratar por lo menos una semana antes de la reunión para que los miembros puedan formarse una opinión con respecto a cómo se sienten acerca de cada tema.

• Los miembros de la comisión para el ministerio intergeneracional llegarán a conocerse y conocerán sus respectivos campos de servicio dentro de la iglesia. Las reuniones de la comisión en sí deberán ser solo la punta del iceberg relacional.

Las palabras de Jesús *«Sean astutos como serpientes y sencillos como palomas»* describen acertadamente a los miembros ideales para la comisión del ministerio intergeneracional. Así es que busca personas que no solo sean influyentes, sino piadosas y amables también. Si los miembros de la comisión son piadosos, pero relacionalmente mansos, será muy divertido trabajar con ellos, pero no se logrará mucho. Si son políticamente influyentes, pero tienen asuntos serios no resueltos o dudas o problemas espirituales recurrentes, la comisión puede causar más problemas relacionales de los que logrará resolver.

ENFRENTANDO *- la -*
RESISTENCIA

Puede que los miembros de tu iglesia estén a favor del ministerio intergeneracional, pero tal vez no estén del todo seguros de lo que significa el término. Como resultado de esto, cuando intentes implementar incluso el programa más inocuo con el objetivo de cambiar una iglesia u organización hacia un enfoque que acoja a las familias, es posible, incluso probable, que te encuentres con resistencia (o al menos nerviosismo) frente al cambio programático o filosófico. Entonces, ¿cómo debes manejar esto?

• Consigue un equipo de oración, o por lo menos un guerrero, que se comprometa a orar por el cambio hacia el ministerio intergeneracional.

• Identifica de dónde viene la resistencia y por qué. No permitas que algo menor o sin importancia se convierta en un problema.

• Trata de no defender demasiado tu propio territorio, sino en cambio sirve a aquellos ministerios y personas que puedan sentirse amenazados por los potenciales cambios.

• A los laicos que compartan tu visión por el ministerio intergeneracional, dales tanto espacio en el liderazgo y sentido de propiedad sobre el ministerio como te sea posible. Ellos serán tu mayor «fuerza de ventas».

Incluso si estás en el camino correcto, te atropellarán si te quedas ahí parado.
- Will Rogers

Muchas personas creen que están pensando, cuando en realidad solo están reordenando sus prejuicios.
- William James

- Habla el lenguaje del liderazgo de la iglesia. Si empleas palabras de moda, utiliza aquellas que tu iglesia comprenda y con las que se sienta cómoda.

- Dales a probar el sabor de la galleta. (Por cierto, este fue el lema de una campaña de marketing de Nabisco para obtener espacio en las estanterías de los supermercados.) Que los detractores experimenten de primera mano el ministerio intergeneracional, ¡pero asegúrate de que tenga buen gusto!

- Implementa el cambio poco a poco, en pequeñas porciones.

 Debemos tener cuidado de sacar de cada experiencia solo la sabiduría que hay en ella... y detenernos allí. Para que no seamos como el gato que se sienta sobre la tapa de la estufa caliente. Este nunca se sentará sobre la tapa de la estufa caliente de nuevo, y eso está bien, pero tampoco volverá a sentarse sobre una que no esté caliente.
- Mark Twain

EL CALENDARIO - de -
UNA IGLESIA ACOGEDORA
con las FAMILIAS

De todas las cosas buenas y malas que una iglesia puede tener, el calendario puede ser uno de los enemigos más potentes de las familias. A medida que los ministerios crecen y los líderes se ponen a trabajar intentando hacer todo lo que se requiere de ellos, la programación independiente comienza a aparecer de nuevo. Aunque el equipo pastoral y laico trate de encontrar

tiempo para reunirse y tomar decisiones sabias y oportunas, ya es suficientemente difícil coordinar los calendarios de los programas individuales de los líderes del staff, y es aun más difícil coordinar los calendarios de toda la iglesia. Aun así, coordinar los horarios y los calendarios es un paso necesario para la creación de una comunidad eclesiástica que funcione como una familia.

La coordinación del calendario resultará útil y exitosa solo cuando estos dos ingredientes iniciales estén presentes:

- Una visión unificada de todos los ministerios y programas de toda la iglesia.

- El compromiso del liderazgo de toda la iglesia hacia una filosofía que valore a las personas por encima de los programas. (Lee «Lo que una iglesia necesita para funcionar como familia» en la página 26.) He aquí algunas reglas básicas para tomar en cuenta como staff a medida que intentan coordinar el calendario de la iglesia:

1 Se llevará a cabo una reunión a la semana (o más seguido si es necesario), para revisar las solicitudes de fechas en el calendario y hacer recomendaciones a la persona (o grupo de personas) que tomará las decisiones finales. Esta persona puede ser un administrador de la iglesia, el pastor, un anciano o un cuerpo de líderes. Esta persona (o grupo) tomará las decisiones finales sobre el calendario basándose en los aportes de los miembros del equipo o de los laicos que hagan las solicitudes.

2 Una vez establecida determinada fecha, el calendario se puede cambiar solo después de que todas las partes involucradas y los líderes responsables del calendario hayan tenido tiempo suficiente para examinar la solicitud y las implicaciones del cambio.

Para apoyar a las familias ensambladas (con padres divorciados y tal vez vueltos a casar) de la iglesia, programa actividades especiales, educativas y de compañerismo, algunas noches en días entre semana. Con esto estarás teniendo en cuenta que los hijos de familias ensambladas o de hogares monoparentales podrían estar visitando al otro padre los fines de semana. El modo en que las actividades de la iglesia se organizan y se llevan a cabo es a menudo más importante que agregar un programa especial para un tipo de familia en particular.
- Richard Olson y Joe Leonard, Ministerio intergeneracional en Flux, EE.UU.

3 Aunque una persona decide sobre el calendario, ninguna persona, independientemente de su posición, ocupación, o salario, puede pasar a llevar las riendas del calendario.

4 Ninguna decisión sobre el calendario es oficial hasta que haya pasado a través de los canales adecuados.

Seguir estas pautas puede ser difícil para muchas iglesias en un principio, pero con el tiempo se convertirá en una gran ayuda para mantener un compromiso con una visión unificada y una filosofía que ponga a las personas por sobre los programas.

No estamos definiendo el ministerio intergeneracional simplemente como «más programas para las familias». Vemos el papel fundamental de las congregaciones como fuentes de apoyo a las familias, y el papel de los líderes de la iglesia como coordinadores de ese apoyo.
- Richard P. Olson y Joe H. Leonard, Jr., *Ministry With Families in Flux* [Ministerio con familias en proceso de cambio], EE.UU.

INVOLUCRANDO
A MAMÁS Y PAPÁS
- *en el* - MINISTERIO
INTERGENERACIONAL

3

13 FORMAS - *de comenzar a* -
INVOLUCRAR
A LOS PADRES
EN EL MINISTERIO JUVENIL

¿Te gustaría que los padres de los chicos en tu grupo de jóvenes fueran una parte más integral de tu ministerio? Considera la siguiente lista de sugerencias:

1 Recluta un consejo de padres. (Ve el siguiente capítulo.)

2 Programa reuniones trimestrales de padres. (Ve la página 61.)

3 Publica un boletín regular para los padres. (Ve la página 64.)

4 Pon en marcha un ministerio de oración de padres.

5 Socializa con los padres de tus jóvenes. (Ve la página 67.)

6 Asegúrate de que el calendario de tu ministerio juvenil sea acogedor con las familias. (Ve la página 52.)

7 Realiza una encuesta a los padres. (En la página 109 hay una que puedes utilizar.)

8 Desarrolla una biblioteca de recursos para padres. (Consulta las páginas 71-77.)

En mi mente, una iglesia verdaderamente cooperativa hace más que ofrecer seminarios sobre temas relacionados con la familia, por fundamentales que estos sean. Una iglesia cooperativa define su rol de forma tal que sirva genuinamente a sus miembros, reforzando activamente a sus familias.

- Dennis Guernsey, *A New Design for Family Ministry* (Un nuevo diseño para el ministerio a las familias).

9 Reduce los gastos que las familias deben realizar por las actividades y eventos de tu grupo de jóvenes.

10 Celebra a los padres de los miembros de tu grupo de jóvenes. (Ve la página 69.)

11 Anima a los padres de los miembros de tu grupo cada vez que los veas.

12 Utiliza a los padres como maestros para tu grupo de jóvenes.

13 Arma una comisión para el ministerio intergeneracional. (Ve la página 48.)

(*) **¡Cuida el presupuesto!**
¡Puede resultar muy caro ser padre de un chico involucrado en el ministerio juvenil! Ya sea para el almuerzo y una película después de la iglesia, una nueva camiseta, un boleto para un recital, o un viaje de misiones en la primavera, a los padres se les está pidiendo constantemente que suelten más y más dinero para que sus hijos puedan asistir a los eventos de los grupos juveniles. En un contexto de ministerio intergeneracional el problema se complica, ya que más miembros de la familia están involucrados en cada actividad. Una iglesia que conozco celebró su campamento familiar anual pasando tres noches en un refugio en la montaña, con un costo de 650 dólares para un grupo familiar de cinco. (Esto sobrepasa grandemente el presupuesto de cualquier familia de cinco integrantes que yo conozco.)
Gastos como estos pueden ser una carga extremadamente pesada para las familias. Los padres quieren que sus hijos estén involucrados, pero sin embargo tienen restricciones económicas. Para ser amigables con las familias, los líderes cristianos deben tener en cuenta los costos de cada actividad que programan, y además crear formas de reducir la carga financiera sobre los padres y las familias.

CREA UN CONSEJO
DE PADRES

Uno de los aspectos más importantes de un ministerio juvenil eficaz centrado en las familias, o de un ministerio intergeneracional, es un consejo de padres que funcione. Cuando decidas dedicarte a la creación de un consejo de padres, toma en cuenta estos consejos:

- Incluye una diversidad de personas en el consejo: padres de estudiantes de secundaria, padres de algunos chicos de primaria que pronto pasarán a la secundaria, e inclusive a padres de antiguos alumnos.

- Reúnanse mensualmente.

- Comienza y termina las reuniones en horario, siempre.

- Designa a un padre para para que dirija las reuniones del consejo de padres. Tú y tu equipo de líderes juveniles deben participar en las reuniones, no dirigirlas. Reúnete antes de cada reunión con el director para planificar la agenda, la cual puede incluir evaluaciones sobre actividades o eventos pasados del ministerio, así como también debate y planificación de los próximos eventos.

- Asegúrate de que el consejo de padres tenga la certeza de que están a cargo de los próximos eventos. Este consejo no debe existir solamente para poner su firma en tu programa. Un consejo de padres eficaz te puede ayudar a pensar en todos los aspectos de tu ministerio con una visión general, desde los programas hasta las finanzas.

Las investigaciones continúan demostrando que, para bien o para mal, la familia de un adolescente representa la red más influyente de relaciones terrenales en su vida. Por esta sencilla razón, creemos que el ministerio juvenil más efectivo siempre tiene lugar en el contexto de la familia.

- Tom Lytle, Kelly Schwartz y Gary Hartke, *101 Ways to be Family-Friendly in Youth Ministry* [101 maneras de ser acogedores con las familias en el ministerio juvenil].

- Agradece de manera tangible a los miembros del consejo, por lo menos una vez al año. Esto significa entregarles un regalo de algún tipo. Tarjetas, notas y llamadas telefónicas de aprecio son también parte de un largo camino para establecer una buena relación con los miembros de tu consejo.

- Socializa con los miembros de forma individual, con el fin de llegar a conocer a cada uno y de hacerles saber que aprecias su participación.

En verdad, las familias hacen o deshacen discípulos, y en el proceso se hace más fácil o más difícil la tarea de la iglesia.
- Dennis Guernsey, *A New Design for Family Ministry* [Un nuevo diseño para el ministerio a las familias].

LISTADO *de* TAREAS
PARA UNA REUNIÓN
DE PADRES PERFECTA

Las reuniones de padres pueden ser importantes, pero no necesariamente son divertidas. Sin embargo, pueden convertirse en un momento agradable, tanto para los padres como para el equipo del ministerio juvenil. Las siguientes sugerencias están destinadas a ayudarte a planificar y llevar a cabo reuniones de padres productivas y sin complicaciones:

- ¿Está todo el equipo del ministerio juvenil presente (vestidos para padres) antes de que llegue el primer padre?

- ¿Está listo el café y alguna «comida para adultos» antes de que llegue la gente?

- ¿Está la sala de reuniones bien iluminada, con sillas dispuestas en forma ordenada, afiches y fotos del ministerio colocados alrededor de la habitación, y música animada tocando suavemente?

- ¿Comenzará la reunión en tiempo y no durará más de una hora? ¿Avisaste esto antes de la reunión?

- La persona que dirigirá la reunión, ¿es algún padre bien conocido y respetado? ¿Se reunió él o ella con los líderes del ministerio juvenil con anterioridad a la reunión para fijar una agenda?

- La agenda u orden del día, ¿refleja los objetivos de una reunión de este tipo, a saber: informar, animar y equipar a los padres?

- ¿Cuenta la reunión con el apoyo y la lealtad de todos los padres? (El apoyo de los padres viene cuando están convencidos de que el equipo de líderes juveniles sabe lo que está haciendo, que se toman su trabajo y a los jóvenes en serio, y que se preocupan por las necesidades y los problemas de los padres y las familias en general.)

- ¿Aprovechas el antes y el después de las reuniones de padres para hablar personalmente con ellos y para afirmarlos (y a sus hijos también)?

- ¿Es la información presentada de forma creativa, y de modo tal que los padres no sientan que han perdido el tiempo asistiendo a la reunión? Por ejemplo, no te limites a anunciar la fecha y el costo del campamento de verano, sino dales a los padres dos o tres opciones a considerar como grupo (siendo un campamento de verano solo una de las opciones) o bien «véndeles» la idea del campamento y su costo, para que la mayoría se entusiasme con el plan. Un breve testimonio de un joven sobre el campamento del verano pasado, seguido de un breve vídeo pueden ayudarte a lograr esto. En todo caso, debes obtener sugerencias de los padres antes de comprometerte con una línea de acción, y una reunión de padres es el lugar perfecto para tomar este tipo de decisiones. Además, los padres que no acuden a la reunión no pueden culpar a tu equipo por las decisiones que los otros padres tomaron.

- ¿Incluyen las reuniones de padres al menos alguna charla, o algún taller, dictado por un experto en la crianza o en la psicología adolescente? Invita a un profesor de la escuela secundaria local, a un terapeuta familiar, a un pastor de jóvenes o de familias de otra iglesia u organización, o a un especialista en algún tema candente. Publicita la asistencia de este orador antes de la reunión, haz que su participación sea de 20 minutos aproximadamente, y compénsalo apropiadamente con una ofrenda.

- ¿Se queda todo el quipo de líderes hasta el final de la reunión, mezclándose e interactuando con los padres hasta que se va el último? (¡Si lo hacen, entonces podrían terminarse toda la comida y bebida que haya sobrado!)

¡Su chico es lo mejor!

Desde hace años, encuesta tras encuesta, los padres aparecen como los campeones indiscutibles, invictos e imbatibles del impacto espiritual en la vida de sus hijos. Nadie, por muy mega-espectacular que sea su ministerio, puede hacer mayor diferencia en el crecimiento espiritual de los hijos que sus propios padres. Aun así, es como si la iglesia hubiera renunciado a los padres como líderes espirituales para sus jóvenes. Creamos programas y ministerios diseñados para eliminar, no para animar, a los padres como líderes espirituales. Hemos estado comunicando que la iglesia, no el hogar, es el mejor lugar para que los jóvenes sean animados y supervisados en su caminar con Dios.

- Rick Lawrence, Looking Forward [Mirando hacia adelante], Group Magazine.

EL BOLETÍN *para* PADRES

La mejor forma de ayudar a los padres a que se sientan parte de tu ministerio es publicar trimestralmente (o incluso cada mes) un boletín para ellos. Si los costos de enviarlo por correo sobrepasan tus posibilidades, distribuye el boletín informativo en los eventos del ministerio de jóvenes, y gasta tu presupuesto en el boletín propiamente dicho.

¿CUÁL ES LA FUNCIÓN DEL BOLETÍN PARA PADRES?

• Informar

Los padres no aprecian los calendarios o las tiernas imágenes prediseñadas, ¡aprecian más los listados! Con mucha anticipación a un evento (sobre todo si es un gran evento o uno que cueste dinero, como un campamento o retiro) los padres deben conocer la fecha y el costo. Cada boletín debe incluir los horarios y lugares de todos los eventos del ministerio juvenil de los próximos dos meses, así como los números de teléfono de todo el equipo de líderes del ministerio juvenil.

• Animar

Los padres pueden ponerse nerviosos cuando se trata de sus hijos adolescentes. Ellos necesitan que se les recuerde que el liderazgo de la iglesia reconoce que la crianza es difícil y exasperante. Por lo tanto, incluye en alguna parte de tu boletín por lo menos un párrafo que les deje saber a los padres que son apreciados y que tú entiendes lo que ellos están pasando. Un detalle como este les recordará que tú estás de su lado.

¿Porqué un boletín informativo para padres?

1. Las familias de hoy están más ocupadas que nunca. Los padres necesitan saber lo que está pasando con suficiente antelación, para poder planificar como corresponde.

2. La mayoría de los padres confían en el ministerio de jóvenes para desarrollar la espiritualidad de sus hijos. Puede que ellos reconozcan su responsabilidad primordial en el bienestar espiritual de sus hijos, pero también es cierto que necesitan toda la ayuda que puedan conseguir. Un boletín les hace saber que el programa de jóvenes cubrirá esa necesidad.

3. Los padres necesitan que les den ánimo en la crianza de sus hijos. Unas palabras de parte de las personas que trabajan directamente con sus hijos significan mucho para ellos.

4. En la vida ajetreada de hoy en día, «ojos que no ven, corazón que no siente» nunca ha sido más cierto. Un boletín mensual les recordará a los padres el valor que tiene el programa del ministerio juvenil.

• Equipar

Los padres tienden a resentirse con los líderes de jóvenes que se acercan a ellos como si conocieran a sus hijos mejor que ellos mismos. Sin embargo, los líderes de jóvenes pueden darles consejos a los padres que los ayuden a ser más efectivos. Un párrafo de algún libro de un autor experto en jóvenes, de un consejero familiar o de algún educador permitirá que los padres sepan que tú y tu equipo de líderes pueden ser un recurso útil cuando ellos lo requieran.

CUESTIONES PRÁCTICAS

• Haz que el boletín para padres sea corto. De otra forma, no lo leerán.

• Utiliza una tipografía clara y al menos de tamaño 12 o 14.

• Emplea un diseño atractivo, simple y fácil de seguir.

- Pide regularmente la opinión de los padres sobre el boletín, y luego convierte esa información en cambios para ediciones posteriores.

- Invita a algunos padres a dirigir la producción de los boletines y su distribución.

- Mantén el tono del boletín claro, entretenido y cálido.

Estudio de caso en la comunicación con los padres

Un amigo mío accedió cierta vez a hablar sobre noviazgo y sexualidad a los estudiantes de secundaria y a sus padres durante una clase de escuela dominical. Casi ningún padre apareció. El director del grupo de jóvenes estaba enojado con los padres por no apoyar su ministerio.

El orador le preguntó más tarde: «¿Cómo fue exactamente que publicitaste esta clase entre los padres?». «A través del boletín de los jóvenes», respondió el líder, aparentemente ajeno al hecho de que, si los jóvenes no leían el boletín, o si no querían que sus padres fueran, ¡no había manera de que los padres se enteraran del evento!

CONOCE *a los* PADRES
— DETRÁS DE TU GRUPO DE —
JÓVENES

¿Cómo cultivan los líderes juveniles una relación con los padres de sus jóvenes?

1 Intenta llegar a conocer al menos el nombre de pila de la mayoría de los padres de los jóvenes en tu grupo, si no de todos .

2 No seas constantemente el portador de malas noticias. En lugar de eso, aprende a felicitarlos específicamente por sus hijos cada vez que los veas.

3 Tómate el trabajo hacer contacto con los padres de los miembros de tu grupo. Habla con ellos en los recitales, obras de teatro y otros eventos en los que ellos estén presentes. Divide tu tiempo entre los jóvenes y los adultos cuando concurras a este tipo de eventos.

4 Intenta acercarte de manera especial a dos o tres familias de tu grupo. Permite que ellas te ayuden a entender los temas con los que, como líder, necesitas trabajar.

5 Cada vez que veas o te encuentres con algún padre, hazle llegar dos días más tarde una nota dándole las gracias por haberse tomado el tiempo para hablar contigo. Si acordaron algo, como cambiar la fecha de un evento, o que él o ella asista a algún programa de jóvenes como tu invitado, menciónalo también.

 Sin el apoyo de los padres, la probabilidad de que un adolescente permanezca en la fe cuando llegue a la edad adulta se reduce significativamente.

- Wayne Rice, en el Ministerio Juvenil *«Tag Team»*, por Ron Habermas y David Olshine.

6 Envía de vez en cuando tarjetas individuales a los padres, animándolos y expresando tu reconocimiento por el trabajo que están haciendo en la crianza de sus hijos.

7 Ten identificadas a las familias monoparentales en tu grupo. Cuando veas a estos padres, pregúntales si hay alguna forma en la que tú (o tu ministerio) pudieran servirles de manera especial.

8 Hazte la costumbre de preguntarle a los padres: «¿Qué puedo hacer por ti?».

Las entrevistas que he tenido con hombres que están en sus treinta o cuarenta años de edad, me han convencido de que la ausencia física o psicológica de los padres en las familias es una de las grandes tragedias subestimadas de nuestro tiempo. Creo que hay un gran sentimiento de pérdida oculto en los hombres, que está relacionado con sus propios padres.

- Samuel Osherson, *Finding Our Fathers* [Encontrando a nuestros padres].

13 FORMAS DE
CELEBRAR - *a los* - PADRES

Los padres son vitales para tu ministerio. Aprovecha cada oportunidad que tengas para construir relaciones con ellos. ¿Qué tipo de oportunidades? Aquí tienes la respuesta...

1 Escríbeles una nota para agradecerles por su hijo.

2 Detenlos en los pasillos de la iglesia y diles un cumplido.

3 Resalta a algún padre, pareja o familia en cada boletín para padres.

4 Da a los padres un regalo en Navidad.

5 Haz que los jóvenes organicen una tarde titulada «Celebrando a nuestros padres», con música, obras de teatro, y un momento en que por lo menos algunos de ellos se sienten en el regazo de sus padres y les entreguen regalos hechos a mano.

6 Envía a los padres un pastel en su aniversario de bodas.

7 Llévalos a almorzar a un restaurante en su cumpleaños.

Los padres deberíamos actuar como parteras para el nacimiento de la espiritualidad en nuestros hijos. Una partera no tironea del bebé desde el vientre de la madre, sino que ayuda a la madre en su propio trabajo de parto. Así también, nosotros debemos guiar y dirigir con suavidad, interfiriendo solamente cuando la salud del bebé espiritual está en peligro. Los jóvenes, como todos nosotros, se aferran a sus propias decisiones mucho más de lo que lo hacen con las que se les imponen.

- Terry W. Glaspey, *Children of a Greater God* [Hijos de un Dios Grandioso].

8 Llámalos para preguntarles cómo puedes orar por ellos.

9 Reúnete con ellos una o dos veces al año para recibir sus consejos sobre cómo ayudar mejor a su hijo a crecer en Cristo.

10 Velos como socios.

11 Busca sus consejos.

12 Alardea de ellos con sus hijos.

13 Provéeles servicios gratuitos de cuidado de niños pequeños una vez al mes.

CREA UNA BIBLIOTECA
DE RECURSOS *- para -*
PADRES Y LÍDERES

A medida que avances hacia un ministerio juvenil acogedor con las familias, o hacia un ministerio intergeneracional, tendrás que actualizar tu biblioteca de recursos.

Los siguientes libros son recursos ideales, no solo para el uso de tu equipo de líderes del ministerio juvenil, sino para los padres también.

Establecer una biblioteca de recursos compartida por líderes y padres puede ser una parte importante en el camino hacia el involucramiento de las mamás y papás de tus chicos en el ministerio juvenil.

Ministerio de Jóvenes con Propósito por Doug Fields. Si usted desea alcanzar jóvenes para Cristo y ver sus vidas cambiadas, esta guía le ayudará a implementar nueve principios básicos para lograr:

- Conectarse con el poder de Dios para obtener un liderazgo entusiasta y comprometido.
- Definir el propósito de su ministerio y comunicarlo en forma eficaz.
- Identificar la aptitud de su audiencia.
- Crear programas que lleguen a su audiencia y cumplan con los propósitos de Dios.
- Implementar métodos que hagan madurar a los estudiantes.
- Enriquecer su ministerio con ideales claramente definidos.
- Trabajar en grupo con los padres para involucrar a toda la familia.
- Conseguir voluntarios y convertirlos en líderes.
- Perseverar en tiempos difíciles y prosperar en un ambiente de cambio constante.

Si balanceamos la teoría con la práctica, este libro puede aplicarse a cualquier iglesia, independientemente de su tamaño, facilidades, recursos o liderazgo. Este material le ayudará a desarrollar un ministerio que equipe a los estudiantes en lugar de simplemente coordinar actividades. Como dijo el propio Doug Fields: «Mi meta para este libro es poder capacitarlo a usted a través de un plan para construir un ministerio de jóvenes saludable que no dependa de un solo líder y que no se deshaga cuando esta persona se va de la iglesia. No es un libro con seis pasos para que su grupo de jóvenes crezca, sino para identificar, establecer y traer salud a su ministerio».

Padres a prueba de crisis. Una guía para prevenir y curar los problemas de nuestros hijos. Por Rich Van Pelt y Jim Hancock. Este es un recurso práctico que equipará a los padres para enfrentar cualquier crisis de sus hijos de manera exitosa. Con este material podrán tomar medidas para la prevención de problemas, sabrán cómo tratar con ellos cuando ya están ocurriendo y entenderán cuándo involucrar a un profesional para una intervención. Cualquiera que sea la situación que pase un adolescente, los padres son de las personas más significativas para ellos. Este es un material ideal para caminar junto a los hijos con sabiduría, compasión y herramientas que les ayuden a sanar.

Señor, ¡Líbrame de mis padres! por Mark Matlock. Para adolescentes y padres por igual, la idea de poder relacionarse correctamente unos con otros parece una utopía. Este libro ayudará a los adolescentes a entender ambos lados mucho mejor. Este material les dará una mirada y un entendimiento de las dinámicas de las relaciones con sus padres, y herramientas para poder interactuar mejor con ellos. El resultado de leer este libro será una mejor y saludable relación con sus padres y una nueva perspectiva de esta.

Cómo ayudar a jóvenes en crisis. Por Rich Van Pelt y Jim Hancock. Es imposible trabajar con jóvenes sin enfrentar al menos algunas crisis. Saber qué hacer, a quién acudir, cómo mediar el conflicto y administrar todas las variables involucradas requiere sabiduría y experiencia y eso es lo que nos traen Jim Hancock y Rich Van Pelt. Los autores describen algunos de los peores escenarios, incluyendo el abuso de sustancias, la violencia, el abuso sexual, desastres naturales y la muerte, y cómo lidiar con un individuo o con todo el grupo de jóvenes en medio de esas circunstancias. Los autores han estado involucrados durante la matanza de Columbine y otras tragedias en los Estados Unidos y son verdaderos profesionales en el manejo de conflictos. Un libro que no puede faltar en la biblioteca de líderes responsables.

Lo que todo líder debe saber sobre sus jóvenes, por Sergio Valerga. En una cultura que cambia a una velocidad vertiginosa es vital que los líderes de jóvenes conozcan en profundidad aquellas necesidades, desafíos, formas de pensar y preguntas que las nuevas generaciones se hacen. Este libro es un recurso altamente necesario y útil en la biblioteca de quienes aman a la juventud y desean ser efectivos en su alcance. Al finalizar la lectura aumentarás significativamente tu impacto e influencia en tu trabajo con la juventud

Preguntas provocativas por Doug Fields. Este es un material espectacular para provocar a los jóvenes a compartir ideas, expresar sus emociones y conocerse mejor. Doug Fields nos provee una lista de preguntas para ayudar a un grupo de jóvenes a participar y pensar, a la vez que la dinámica ayuda al grupo a integrase mejor y revelar a los líderes cuáles son las dudas e ideas que están presentes en las mentes y conversaciones privadas de los jóvenes. Preguntas Provocativas es un recurso que no debe faltar en la Biblioteca de todo ministro de la juventud.

¡Ayúdenme! Lidero adolescentes de 12 a 15, por Mark Oestreicher. Este libro es obligatorio para líderes de adolescentes entre 12 y 15 años. En él encontrarás frases de adolescentes reales y también de expertos en el trabajo con la adolescencia temprana. Contiene «terroríficas» historias del autor solo para recordarte que no eres el único quien, en un momento miserable de tu ministerio con preadolescentes, ha querido desaparecer de escena. Un libro práctico y pertinente para quienes trabajan con esta desafiante y clave edad. Tu ministerio crecerá en todo sentido como resultado de usar las ideas que contiene este material.

¡Ayúdenme! Soy líder de jóvenes, por Doug Fields. Si eres experto trabajando con jóvenes o si acabas de empezar, este libro te servirá para aclarar lo básico para comunicarte con los jóvenes eficientemente y dinamizar tu ministerio juvenil. Contiene 50 sugerencias fáciles de recordar y poner en práctica, y es especial para que lo tenga cada voluntario y miembro del equipo de liderazgo de tu iglesia. Si eres el pastor de jóvenes principal de tu iglesia y tienes jóvenes que te ayudan o que quieres entrenar, este libro es fundamental para que tus dirigidos sepan cómo ayudarte y darle un fuerte empujón a tu programación.

Cómo trabajar con jóvenes de 18 a 25 por Chuck Bomar. ¿Por qué perder a los jóvenes en edad universitaria? ¡Basta con ese problema! Hay maneras prácticas para resolver el desafío; y este libro da en el blanco de las necesidades de todo líder, ministerio e iglesia que quiere hacer un mejor trabajo con los jóvenes de esta importante etapa de la vida. En este libro, Chuck Bomar te lleva a descubrir que los jóvenes de 18 a 25 años no necesariamente necesitan otro culto o actividad semanal. La clave está en proveer mentores quienes estén dispuestos y disponibles para caminar con ellos durante los desafíos propios de esta etapa que están enfrentando y este libro te dará las herramientas para hacer exactamente eso con eficacia. Léelo y muy pronto notarás la diferencia en tus resultados ministeriales con los jóvenes de 18 a 25 años.

¡Ayúdenme! Trabajo en una iglesia pequeña, por Rich Grassel. En un ambiente eclesiástico donde los números parecen ser todo, este libro trae una balanceada reflexión y estrategia para aquellas iglesias que quieren ser fieles al llamado de Dios en las circunstancias contextuales que les tocó enfrentar. Las necesidades de una iglesia pequeña no son iguales que las de una mega iglesia tal como las de un contexto no son iguales a las de otro. Este texto contiene principios prácticos que permitirán a líderes de iglesias pequeñas contar con una reflexión sana que les habilite para enfocarse en las prioridades correctas a la vez que hacen un trabajo cada vez mejor.

¡Ayúdenme! Soy mujer en el ministerio juvenil, por Kara Powell. Este es un súper material que se enfoca en temas únicos del ministerio que debes enfrentar cada día, incluyendo: El desafío de la soltería, el matrimonio, la maternidad, la consejería, hacer que tu voz sea oída y la no discriminación en relación al trabajo con los hombres... No importa tu edad, tu estado civil, el tamaño de tu iglesia o tu denominación, este libro transformará la manera en que te acercas a tu único y vital lugar en el mundo del ministerio con los jóvenes.

Salvando a una generación de un mundo superficial, por Chap Clark y Kara Powell. Los autores han desarrollado una importante investigación que tira por tierra pre conceptos que han estancando a multitud de ministerios juveniles. Este precioso material desarrolla un diseño profundo y revolucionario que te dará mejores herramientas para resolver los problemas que encontrarás en el ministerio juvenil. Este es un libro que va a cambiar, construir y dinamizar tus paradigmas en el ministerio con los jóvenes.

Conexión posmo, por Félix Ortiz. Es un reto vivir en un mundo «posmo». La postmodernidad representa increíbles desafíos, pero lo maravilloso es que en la Biblia encontramos un montón de personajes que tuvieron que enfrentar pruebas similares a las que nos toca pasar hoy. Este es un manual de supervivencia para un mundo postmoderno. Félix Ortiz nos ayuda a conectar a 100 personajes bíblicos con el mundo de hoy de manera clara, precisa y efectiva para que veamos lo relevante de la palabra de Dios en las circunstancias que nos toca enfrentar en el nuevo milenio.

Los fundamentos del Ministerio Juvenil sano, por Mike Yaconelli. Esta es una lectura obligatoria para quienes lideran jóvenes. No importa que seas un novato o un veterano, estudiante de seminario o pastor. Las verdades trascendentes que encontrarás aquí te ayudarán a reforzar aquello que ya anda bien en tu ministerio juvenil... y a revolucionar lo que siempre has deseado cambiar. Mike Yaconelli fue el pastor de pastores de jóvenes más destacado en los Estados Unidos por más de 43 años y en este, su último libro de liderazgo antes de partir con el Señor en octubre de 2003, cuenta también con los comentarios tanto de Lucas Leys, quien capacita la mayor cantidad de líderes juveniles en el mundo de habla hispana, como de Mark Oestreicher, quien es hoy uno de los más respetados especialistas en el discipulado de adolescentes.

Ministerio Juvenil 3.0, por Mark Oestreicher. La versión en inglés de este libro está agitando las aguas de la iglesia en Estados Unidos. El autor nos da un vistazo rápido a la historia del ministerio juvenil y propone principios de por qué es necesario ir a una próxima fase en el ministerio de jóvenes. Este es un libro que no puede faltar en la biblioteca de cualquier líder juvenil que se *precie*. Ayudará al líder a considerar de dónde venimos, por qué hacemos lo que hacemos y hacia dónde nos debemos dirigir para producir los resultados que Dios y esta generación nos reclama.

Consejos desde el frente, editado por Lucas Leys. Una colección de los mejores consejos prácticos de los más destacados especialistas en pastoral juvenil. Este libro te servirá para mejorar tus programas, afianzar tus relaciones, dinamizar tus actividades y producir un impacto duradero en la vida de los jóvenes de tu ministerio. Entre los especialistas están Lucas Leys, Jeffrey de León, Félix Ortiz, Junior Zapata, Annette Gulick, Russ Cline, Gloria Vázquez, Jay Arisso, Paolo Lacota, Esteban Obando, Aarón Arnold y muchos más.

El pequeño manual para novios, por Sebastián Golluscio. Este es un material fantástico para aquellos que ya están de novios y quieren llegar bien preparados al matrimonio. También está pensado como un recurso para pastores y líderes, que sirva de base en la consejería y el seguimiento de las parejas. El autor presenta los aspectos más importantes que contribuyen al sano desarrollo de una relación de pareja y a una adecuada preparación para un futuro juntos en Dios.

El código de la pureza, por Jim Burns y Lucas Leys. Dos pioneros que suman más de medio siglo (¡que viejos!) de trabajo entre la juventud y que son considerados autoridades en el mundo en inglés y en español se unen en este libro para ayudar a los jóvenes a descubrir lo mejor de Dios para sus vidas sexuales. Jim y Lucas enfatizan que lo excelente de Dios es mucho más que lo que el mundo puede ofrecer y dan pasos claros de cómo disfrutar a pleno el plan del diseñador de la sexualidad. Este recurso ayudará al adolescente a darle honor a Dios con su cuerpo, su mente y corazón, y le permitirá disfrutar a pleno el maravilloso camino práctico de la pureza.

Sexo del bueno, por Jim Hancock y Kara Eckmann Powell. Los jóvenes escuchan hablar de sexo continuamente, pero necesitan escuchar hablar de sexualidad desde la perspectiva de Dios. Este libro cubre el tema de la sexualidad de una manera honesta, directa y bíblica. Estimula la discusión sana y lleva a los líderes y a los jóvenes a una compresión más profunda del plan de Dios para la sexualidad. Este es un recurso imperdible para aquellos que quieren tratar el tema sin tabúes, pero ayudando a los jóvenes a descubrir el maravilloso propósito de Dios al crear el sexo.

Cómo encontrar el amor de tu vida, por Hugo y Tati Martínez. ¿Cuántas veces hemos pensado que no encontraremos el amor de nuestra vida? o ¿Cómo podemos desarrollar un noviazgo saludable que conduzca a una verdadera relación confiable hacia el matrimonio? Los autores te conducen a considerar las diferentes etapas que se pasan en el noviazgo y a poder elaborar una relación adecuada con nuestra pareja. Te ofrecerán formas adecuadas para poder tener una relación exitosa en ese proceso maravilloso del noviazgo. Si deseas tener un noviazgo saludable, no debes dejar de leer este libro.

500 ideas para el Ministerio Juvenil, por Lucas Leys. ¿Estás listo para que tus jóvenes digan «WOW»? ¿Estás lista para que tus jóvenes digan «¡ESO SÍ ESTUVO BUENO!»? Ideas prácticas, ideas locas, ideas específicas, ideas inéditas, ideas justas, ideas para casi todas las necesidades del ministerio juvenil. Un pequeño libro que te va a ayudar a elevar el nivel de eficacia y creatividad de tu ministerio. Una colección de ideas seleccionadas por uno de los ministros más ocurrentes e innovadores de la iglesia de hoy.

Dinámicas de integración para refrescar tu ministerio, de la Biblioteca de Ideas de Especialidades Juveniles. Una colección de ideas diseñadas para captar la atención de tu grupo de jóvenes y mantenerlos integrados por meses. Es el material perfecto para líderes de jóvenes, directores de campamentos, profesores de escuela dominical y coordinadores de recreación. Este recurso contiene una variedad de dinámicas de integración para desarrollar en grupos grandes y pequeños. ¡Una increíble recopilación de cuestionarios, trucos, concursos, juegos de palabras y mucho más! *Dinámicas de Integración* es la herramienta para llevar a tu grupo de jóvenes a un nivel de amistad que nunca imaginaste.

Promoción y levantamiento de fondos para refrescar tu ministerio, de la Biblioteca de Ideas de Especialidades Juveniles. Si lo que necesitas es reunir dinero para algún proyecto, o promocionar tus actividades para que muchos más jóvenes quieran participar, aquí hay más de 250 ideas para organizar, promocionar y levantar fondos para tu ministerio. Si eres un líder juvenil en la iglesia, en una escuela o en cualquier lugar donde haya jóvenes, este libro de ideas es justo para ti.

Rompehielos para refrescar tu ministerio, de la Biblioteca de Ideas de Especialidades Juveniles. Para abrir un evento, una reunión o un campamento no hay nada como un buen rompehielos. Este manual contiene dinámicas, ideas, actividades, locuras y todo lo necesario para comenzar un evento con todas las luces encendidas (o todas apagadas). Provoca diversión al comenzar y ya tendrás asegurado gran parte del éxito de tu evento. Ayudarás a que los jóvenes se sientan bienvenidos, se integren y compartan una atmósfera de expectativa.

PONIÉNDOLO
en MARCHA

PROGRAMANDO
- *tu* - MINISTERIO
INTERGENERACIONAL

4

ACTIVIDADES *en* FAMILIA *para* TODA LA IGLESIA

VIAJES FAMILIARES DE MISIONES

Estos pueden ser viajes cortos (un fin de semana) o más largos (una semana o más), que les den a las familias e individuos la oportunidad de experimentar «de primera mano» cómo es el trabajo misionero.

RETIROS PADRE-HIJO Y MADRE-HIJA

Estos les dan la oportunidad a padres o madres y jóvenes de cualquier edad, de tomarse juntos un día o dos para celebrar su relación.

NOCHE DE GRADUACIÓN

Todo el mundo está invitado a este evento de gala, que incluirá música de todas las eras, toneladas de comida y shows en vivo. Quienes asistan al evento deberán vestir a la moda del año en que se graduaron (o se graduarán) de la escuela secundaria.

SIERVI-TÓN

Los miembros de la iglesia, sin importar la edad, se juntarán un sábado para servir ya sea a miembros de la iglesia o de la comunidad que se encuentren en necesidad (como viudas o familias muy pobres). Los niños tendrán la oportunidad de trabajar junto con abuelos. Este podría ser un evento trimestral (o tal vez mensual).

Las personas solas (ya sean solteros, divorciados o viudos) necesitan una relación familiar funcional. La iglesia está equipada de manera especial para este propósito. Tal vez el mayor ministerio de la iglesia hacia las personas solas sea el de proveerles de una atmósfera espiritual que se parezca a una familia.

- Royce Money, *Ministering to Families* (Ministrando a las familias)

MI PELÍCULA FAVORITA

Planifica una noche de películas en familia una vez cada tres meses (o algo así). Que los diferentes grupos etarios tomen turnos para decidir qué película se mostrará en esa noche. Durante el intermedio, alienta a algunas personas del grupo etario que eligió la película a que expliquen por qué es una de sus películas favoritas y qué es lo que más recuerdan de ella. Sea cual sea la película elegida, este evento sin dudas ayudará a unir a la familia de la iglesia.

Los ingredientes comunes a las familias fuertes, parecieran ser...
• Una comunicación fluida, de apoyo y honesta.
• Cantidad de tiempo juntos, y que sea significativo.
• Una fe y una práctica religiosas que sean compartidas.
• Estar de acuerdo en los valores más importantes.
• Amor, consideración, comprensión, y aprecio mutuo.
• Intereses, metas y propósitos comunes.
• La habilidad de negociar positivamente para encontrar soluciones para las crisis.
• El compromiso de profundizar las relaciones intrafamiliares.
• Optimismo acerca de la estabilidad de la familia.
• Una firme coalición parental al enfrentar a los niños.
• Relaciones sexuales frecuentes entre los cónyuges.
• Estar dispuestos a sacrificar intereses y recursos personales por el bien de la familia.
• Una conducta que se gane la confianza del resto de los miembros de la familia.

- George Barna, *The Future of the American Family* [El futuro de la familia norteamericana].

CAMPAMENTOS
FAMILIARES
CREATIVOS

El contexto de un campamento ofrece a los miembros de una familia una variedad de oportunidades para unirse. Para aprovechar todas las posibilidades que un campamento brinda, necesitarás tener en cuenta los siguientes consejos:

- Organiza la mayor cantidad posible de reuniones con el grupo total. Separa lo menos posible a los grupos por edades.

- Alienta la participación de la audiencia lo más posible, en primer lugar los niños, pero no exclusivamente. No permitas que «los mayores» se relajen y eviten participar.

- Que cada grupo etario prepare y presente una breve dramatización que represente el mensaje o tema de cada reunión.

- Utiliza la mayor cantidad posible de medios diferentes. Incorpora a tus reuniones el arte, esculturas hechas con masa para modelar, recortes de periódicos y revistas, películas antiguas, cortos de shows televisivos, canciones, grabaciones de sonidos, y cualquier otra cosa que se te ocurra.

- Utiliza las competencias para integrar a los diferentes grupos etarios. Que los juegos sean entretenidos, pero lo suficientemente fáciles como para que todos participen.

- Mantén un balance entre los momentos quietos y los agitados. Utiliza el canto, los grupos pequeños, juegos, y otras ideas, para mantener a las personas en movimiento.

- Entrégale a cada familia un CD con las canciones que estarán cantando en el campamento para que puedan escucharlo en el camino.

- Entrégale a cada familia un sobre sellado, el cual deberá ser abierto apenas salgan para el campamento. En él, dales instrucciones para seguir en el camino. Estas instrucciones pueden incluir cosas como preparar una dramatización, jugar algún juego juntos, o conversar sobre algún tema que vaya a ser tratado en el campamento.

- Invierte dinero para contratar un lugar, un orador y un músico que te faciliten lo que quieres lograr. Muchos líderes intentan montar solos (o con su equipo de ayudantes) un campamento. Reconoce que los líderes de la iglesia necesitan un recreo tanto como lo necesita la congregación. Una perspectiva fresca traída por alguien talentoso hará de esta una experiencia mejor para todos.

TALLERES *que* FUNCIONAN

CRIANDO HIJOS

Para bien o para mal, la crianza de los hijos se aprende por prueba y error. Cualquier ayuda que tú y tu ministerio puedan proveer a través de clases informales sobre crianza de los hijos, beneficiará no solo a los padres sino también a sus hijos... y en última instancia a tu ministerio. Piensa en los siguientes temas para seminarios o charlas sobre crianza en tu iglesia:

- Desarrollando hijos capaces: un taller sobre cómo aumentar la autoestima de los niños.

- De adolescentes a padres: los jóvenes enseñarán a sus padres sobre temas actuales.

- Recuperando a tus hijos que han sido capturados por los medios.

- Preparándose para la crianza: un taller para parejas que esperan hijos.

- Preparándose para los años escolares.

- El arte de disciplinar a los hijos a través de las distintas etapas de la vida.

La iglesia necesita recibir educación acerca de las familias cambiantes; las familias necesitan recibir educación acerca de sus responsabilidades y oportunidades.
— Richard P. Olson y Joe H. Leonard, Jr., Ministerio intergeneracional en Flux, EE.UU.

- Sabiduría para padres en el libro de Proverbios.

- Criando hijos en edad de escuela secundaria.

- Preparándose para la universidad: crianza transicional.

- Criando hijos cuando ya casi es demasiado tarde: el arte de ser padres de un joven en la universidad.

- Criando adolescentes solo: la crianza monoparental.

- Lo que funcionó (y lo que no funcionó) para nosotros: padres con el nido ya vacío comparten sus experiencias de crianza.

- Siendo padre o madre de una hija en su adolescencia.

- Siendo padre o madre de un hijo varón en su adolescencia.

- ¿Es ser un «atleta cristiano» una cosa imposible? El rol de los deportes en una familia cristiana.

- Desarrollando ritos de paso.

- Viviendo con niños hiperactivos o difíciles.

SIENDO PADRASTRO O MADRASTRA

Si la crianza es uno de los trabajos más difíciles en el mundo, ser padrastro o madrastra lo es aun más. La mayoría de los padrastros y las madrastras no están equipados para las tareas que deben enfrentar, por lo que apreciarán mucho cualquier ayuda que tú y tu ministerio puedan ofrecerles, como por ejemplo seminarios de entrenamiento.

Aquí tienes algunas ideas que puedes considerar para este tipo de clases:

- Entendiendo los problemas únicos de ser padrastro o madrastra.

- Entendiendo el potencial único de un padrastro o madrastra.

- El mundo del hijastro.

- El mito del amor instantáneo.

- La disciplina en una familia ensamblada.

- Tratando con el padre que no vive en casa.

- La importancia del matrimonio en una familia ensamblada.

 Un hombre se acercó a un trabajador que estaba colocando ladrillos y le preguntó: «¿Qué estás haciendo?». El obrero respondió: «¿No ves que estoy poniendo ladrillos?». El hombre se acercó a otro albañil junto a él y le preguntó: «¿Qué estás haciendo?». El trabajador respondió con orgullo: «Estoy construyendo una catedral». Físicamente ambos estaban haciendo la misma cosa. Pero el primer obrero estaba ocupado en la tarea del momento, mientras que el otro tenía en mente la meta final.
- Larry Anderson, *Taking the Trauma Out of Teen Transitions* [Sacando el trauma de las transiciones de los adolescentes].

CLASES PARA PADRES Y ADOLESCENTES

Una forma particularmente efectiva de incluir un énfasis en la familia en tu ministerio de jóvenes es organizar de vez en cuando algunas clases a las que los padres y sus hijos adolescentes asistan juntos. La siguiente es una lista de los temas que podrías considerar abordar en esas clases:

- Sexo y citas.

- Eligiendo un compañero para la vida.

- Dinero, tiempo libre y diversión.

- Cómo ser un buen amigo.

- Aprendiendo a comunicarse.

- Mis necesidades y tus necesidades.

- Toma de decisiones.

- Oración en familia.

- Estudiando la Biblia juntos.

- Películas, música y MTV: cómo manejar la relación con los medios de comunicación.

UN SEMINARIO DE UN DÍA PARA TODAS LAS EDADES Y ETAPAS DE LA VIDA

La mayoría de las iglesias intentan tocar temas específicos para determinado grupo de edad o temas relativos a la crianza en diferentes etapas de la vida (una nueva familia, adolescentes en la casa, nido vacío, etc.) En lugar de eso, intenta organizar un seminario para padres, de un día de duración, para todas las edades y etapas a la vez. El cronograma podría ser algo como esto:

08:30-09:30	**Apertura:** Rompehielos, un tiempo breve en grupos pequeños, un mensaje alentador.
	Seminarios: Tres carriles: un carril para familias jóvenes, un carril para familias con hijos adolescentes, y un carril para familias con el nido casi vacío.
09:40-10:40	**Seminario 1**
10:50-11:50	**Seminario 2**
12:00-1:00	**Almuerzo**
01:10-02:10	**Seminario 3**
02:20-03:20	**Seminario 4**
03:30-04:00	**Cierre** — Un tiempo para compartir y orar juntos .

PROGRAMAS
PARA CONECTAR A LOS JÓVENES
con los ADULTOS MAYORES

Así como la política, el ministerio intergeneracional produce extrañas parejas. Tal vez no exista una combinación menos probable (o una que tenga más potencial para un mutuo beneficio) que la de adolescentes con adultos mayores. Aquí hay algunas ideas de programas para conectar a estos dos grupos que parecen tan disparejos:

• Una vez por trimestre organiza una fiesta o reunión en la casa de alguien. Hazla corta, pero entretenida.

• Organiza un proyecto que consista en un día de servicio juntos. Algo simple pero que requiera que los adolescentes y los adultos mayores trabajen codo a codo (por ejemplo, preparar paquetes de comida para Navidad para las familias necesitadas).

• Haz que los jóvenes pasen un par de horas al mes visitando las diferentes casas de los adultos mayores y haciendo tareas de distintos tipos, o de limpieza. Durante este tiempo, permite que pasen algunos minutos comiendo alguna cosita que hayan llevado, y conociéndose mejor.

• Echa a andar un ministerio de «Adopta a un adulto mayor», en el que emparejes a un joven con un adulto mayor (o una pareja de adultos mayores) de la iglesia para que pasen tiempo juntos.

Los programas juveniles de muchas iglesias entretienen muy bien a los jóvenes y los mantienen ocupados, pero hacen muy poco en lo que respecta a ponerlos en posiciones de responsabilidad dentro de la comunidad de la iglesia.
- Jack O. Balswick y Judith K. Balswick, *The Family* [La familia].

- Recluta a adultos mayores que tengan algún hobby o experiencia especial, para que utilicen sus talentos para ayudar a los jóvenes de la iglesia. Un ingeniero ya retirado, por ejemplo, podría dar media hora de clases de matemáticas a quienes lo necesiten antes de las reuniones de jóvenes.

- Designa a un adulto mayor (o a una pareja de adultos mayores) para cada voluntario del ministerio juvenil, para que le sirvan como un apoyo en oración, como pastores espirituales, o como un apoyo de amistad.

- Graba a los adultos mayores, pidiéndoles que respondan preguntas sobre cosas que los jóvenes de hoy en día enfrentan. Esta sería una muy buena herramienta para la introducción o la conclusión de una clase (si es que los entrevistados ofrecen alguna guía o consejo).

PROGRAMAS

PARA UN MINISTERIO JUVENIL QUE

INVOLUCRE *a las* FAMILIAS

¿Estás pensando en poner un énfasis mayor en la familia dentro de tu ministerio juvenil? Prueba incluir algunas de estas ideas en tu programación:

- Pide a los jóvenes que preparen un vídeo sobre el tema del conflicto entre padres y adolescentes, en el que ellos interpreten las partes, tanto de los padres como de los hijos.

- Patrocina una clase para padres y estudiantes de sexto grado (juntos) sobre cómo se puede proceder frente a los «matones» en la escuela secundaria.

- Un domingo al mes presenta clases con un «enfoque hacia la familia», orientadas a los problemas que los adolescentes y sus familias enfrentan en sus casas.

- Haz que los jóvenes presenten un programa para sus padres titulado «Esta es tu vida», utilizando vídeos y carteles de fotografías antiguas, e invitando a algunos viejos amigos de la familia para que compartan algunos recuerdos. Invita a los padres a una reunión en la que sus hijos les sirvan la cena y luego pongan en escena su programa.

- Lleva a la reunión algunas personas de la tercera edad para que compartan sus historias. Pídeles que describan brevemente cómo era su vida cuando ellos eran estudiantes de secundaria.

- Anima a tus jóvenes a crear su propio boletín para padres, para divulgar información y actualizaciones sobre las actividades del ministerio juvenil.

- Patrocina un proyecto que consista en un día de servicio con los padres y sus hijos adolescentes.

- Organiza una noche deportiva con los papás. (Ten cuidado de mezclar los equipos para que los chicos y chicas cuyos padres no pueden asistir no se sientan excluidos.)

- Organiza una noche deportiva con las madres. (Ten cuidado de mezclar los equipos para que los chicos y chicas cuyas madres no pueden asistir no se sientan excluidos.)

- Crea un panel sobre los padrastros, para que les dé a los chicos una idea de cómo es ser un padrastro o una madrastra.

- Invita a una madre y a un padre divorciados para hablar con los jóvenes acerca de lo difícil que es el divorcio.

- Elige un domingo para que, en lugar de la escuela dominical, tus jóvenes sirvan en otro ministerio de la iglesia, tal vez en el cuidado de niños, o sirviendo café y galletas a personas de la tercera edad, o ayudando a los ujieres a contar el dinero de la ofrenda.

- Pídele a tu pastor principal que sorprenda a los miembros del grupo con una visita... vestido como un personaje bíblico.

RITOS DE TRANSICIÓN
O DE PASAJE

La mayor parte de la gente piensa que un rito de transición es simplemente una ceremonia que celebra el hecho de que un niño está creciendo. Frecuentemente, estos ritos están asociados a determinada edad (normalmente los 13 años) o a un evento mayor (como la graduación de la escuela secundaria). Lo cierto es que un rito de transición es mucho más que una ceremonia, un evento o una fiesta. Un rito de pasaje comprende dos elementos:

• Rito: sugiere ritual, tradición, ceremonia.

• Transición o pasaje: implica movimiento. En este caso, se trata de un movimiento de un estadio del desarrollo a otro.

Un ritual referido a una transición no celebra solo lo que la persona es ahora. La idea de paso sugiere un movimiento dirigido y proactivo hacia algo que es nuevo. Un rito de pasaje cumple un propósito particular. Es una especie de marca: marca un estatus, una responsabilidad o una posición nuevos. Marca lo que será, no solo lo que es. El homenajeado es reconocido por los demás como abandonando un estado de maduración para entrar en otro.
Un rito de transición siempre incluye tres cosas:

• Un periodo de preparación y entrenamiento que será necesario para que la persona pueda cumplir con los roles y las responsabilidades del nuevo estatus.

• Una ceremonia (usualmente acompañada por un tiempo de celebración) que marca el cambio de estatus.

• Una clara y evidente diferencia en cómo la persona es vista y tratada luego del rito de pasaje.

HAZ QUE ESTOS EVENTOS SEAN RITOS DE TRANSICIÓN EN EL MINISTERIO INTERGENERACIONAL DE TU IGLESIA.

Los ritos de pasaje deberían ser un componente natural del ministerio intergeneracional. Aquí tienes algunos ejemplos de ritos que podrían ser incorporados a tu ministerio:

- **Confirmación:** este es el momento en el que un chico toma la responsabilidad por su fe personal y decide establecer una conexión con la iglesia.

- **Graduación de los programas de la escuela primaria hacia los de secundaria:** Esta podría ser una clase para los niños del último año de la escuela primaria durante el verano, pero para calificar como rito de pasaje, debe incluir un estatus nuevo, no solo un cambio de clases y de liderazgo.

- **Graduación de la escuela secundaria:** Tal como la graduación de las clases de escuela primaria a las de secundaria, esta también puede ser una clase especial para los chicos durante su último año en la escuela secundaria, pero también debe incluir algunos cambios significativos en su estatus y responsabilidades.

- **Primera cita.** Esto puede involucrar un tiempo con los padres (incluso hermanos) y posiblemente el liderazgo de la iglesia, en el cual se instruye a los adolescentes en lo relativo a las relaciones, la sexualidad, la toma de decisiones y las consecuencias. Después de este tiempo de preparación, podrías hacer una ceremonia que marque el compromiso del adolescente de tener patrones de noviazgo saludables y bíblicos.

- **Obteniendo la licencia de conducir.** Habitualmente este rito de transición pasa desapercibido, con poca fanfarria. Puedes considerar agregarle alguna cosa especial a la preparación para este evento, como seminarios sobre toma de decisiones y cuidados del automóvil, o una celebración de la iglesia cada trimestre para los jóvenes que están prontos a recibir sus licencias. Esto no tiene que ser necesariamente un evento mayor, pero al menos puede ser un modesto recordatorio de que hay otras personas, aparte de los padres de los jóvenes, que se interesan por cómo los chicos se comportan detrás del volante.

- **Convirtiéndose en misioneros.** La mayoría de los programas de los ministerios de jóvenes que llevan a cabo jornadas de servicio y proyectos misioneros, los tratan como si fueran cualquier otro evento dentro del ministerio juvenil. Pero esta es una oportunidad perfecta para incluir a la iglesia primeramente, entrenándolos y luego enviando a los «misioneros» a hacer su trabajo. Para los adultos, el axioma es «Una vez misionero, siempre misionero». Esto también debería ser cierto para aquellos que pasan tiempo entrenándose, y en oración y preparación, para cuidar y servir a otros en el nombre de Cristo.

INVOLUCRANDO
A LAS FAMILIAS EN LA
CONFIRMACIÓN DE SUS HIJOS

La Iglesia Luterana de San Felipe Diácono en Plymouth, Minnesota, EE.UU., emplea un programa relacionado con las confirmaciones para acercar entre sí a los miembros de las familias de la iglesia. Una vez al mes, entre los meses de septiembre a marzo (durante la «temporada» de confirmaciones), quienes serán confirmados invitan a sus padres o padrinos a la iglesia para una cena y un programa especial

El evento se llama «4.F» (por las siglas en inglés de Faith (fe), Family (familia), Food (comida) y Fun (diversión). Cada mes tiene un tema diferente (como por ejemplo la comunicación familiar), y la reunión generalmente consiste en la lectura de las Escrituras, actividades y un mensaje o debate que se relacione con el tema.

El liderazgo de San Felipe resume este enfoque de la siguiente manera: «Alentamos a las familias a que se vean a sí mismas como llamadas por Dios, en tanto familia, a una misión, y a comprender que la familia es el lugar primordial del desarrollo de la fe de cada miembro de esa familia».

SI QUIERES DAÑAR - *a una* -
FAMILIA, HAZ ESTO

- Termina tu reunión 15 minutos tarde.

- Ponte de inmediato del lado de tus jóvenes cuando tengan una discusión con sus padres.

- Llama a la casa de la familia después de las 9 p.m.

- No saludes a los padres o hermanos cuando llames a la casa de la familia.

- Anuncia un campamento de fin de semana solo cuatro semanas antes de que comience.

- Anuncia un campamento de verano solo dos meses antes de que comience.

- En tus pláticas con los jóvenes, aliéntalos a hacer tonterías, como cubrir objetos (un árbol, una casa) con papel higiénico.

- Organiza un estudio bíblico semanal para chicos adolescentes, al otro lado de la ciudad y en un día de semana.

- Llama a los padres solo cuando existe un problema con su hijo.

- Insinúa que los padres son los malos de la película.

- Exige o convence a los chicos para que pasen tres noches a la semana en reuniones de iglesia y cumpliendo responsabilidades en el grupo juvenil.

- Dile a los chicos que sus tareas escolares no son tan importantes como el grupo juvenil.

- Maneja muy rápido.

- Habla sobre la policía y otras autoridades de manera ligera, casi burlesca.

- Haz algo poco ético o ilegal.

- Ten tu registro financiero con manchas.

- Quéjate de una familia, o del pastor principal, con otra familia.

- Dile a tus jóvenes que es sano separarse de los padres (Lee el volante para padres titulado «Individuación, no separación» en la página 123).

- Manda por email únicamente a los chicos (o solo a uno de los padres de un hogar divorciado) la información sobre los eventos futuros.

- Organiza muchas salidas con el grupo y cóbrales por la mayoría de ellas.

- Alienta a los jóvenes a que se sienten juntos en el culto dominical.

- Diles a los adolescentes (o a sus padres) que el campamento juvenil es más importante que las vacaciones familiares.

- Convéncete de que sabes más acerca de tus jóvenes que lo que saben sus padres.

PROVEYENDO MATERIALES
- *para* - FORTALECER
A LAS FAMILIAS
EN SUS HOGARES

(VOLANTES PARA PADRES Y ADOLESCENTES)

5

EVALUACIÓN *de las*
NECESIDADES FAMILIARES

En las próximas páginas encontrarás un formulario para la evaluación de las necesidades familiares que puedes usar tal cual aparece aquí o adaptarlo a tus requerimientos particulares. Cada uno o dos años, distribuye una copia para cada hogar. Septiembre puede ser un buen momento para hacerlo, ya que te da tiempo de recolectar, tabular y analizar las evaluaciones que han sido completadas, y así ajustar tu programa para el año siguiente.

La compilación y el orden de los datos pueden ser llevados a cabo por cualquier persona con una mínima experiencia en estadísticas (otra opción es usar una consultora de alguna universidad local para que compile los datos). Designa una comisión que analice y resuma los resultados de la evaluación. El primer informe debe ser dirigido hacia el liderazgo de la iglesia, incluyendo en él una serie de recomendaciones ministeriales y de programación.

El liderazgo debe decidir en un curso de acción específico para cada una de las inquietudes. El informe final debe ser presentado a la congregación junto con los cambios y programas a implementar que hayan surgido como resultado del estudio.

EVALUACIÓN DE LAS NECESIDADES FAMILIARES

Para quienes asisten a _____
Nombre de la Iglesia

Nombre de la persona que completará esta evaluación _____
_____ Fecha _____

Sus respuestas sinceras permitirán a nuestra iglesia satisfacer mejor las necesidades de cada uno de los miembros de su familia. Por favor, responda de la forma más veraz y precisa que pueda. Todas las respuestas serán confidenciales.

1.- Por favor nombre a todos los adultos que forman parte de su hogar:

Nombre _____
☐ Masculino ☐ Femenino   Edad _____
Nivel de estudios alcanzado _____

Ocupación actual:
☐ Trabajador independiente
☐ Trabajador en relación de dependencia
☐ Ama de casa
☐ Estudiante
☐ Desempleado
☐ Jubilado
Otra: _____

Estado civil:
☐ Soltero
☐ Casado con su primer cónyuge
☐ Separado
☐ Separado y vuelto a casar
☐ Divorciado
☐ Divorciado y vuelto a casar
☐ Viudo
☐ Viudo y vuelto a casar

En caso de ser casado, cuantos años lleva casado con su cónyuge actual:
☐ 2 años o menos
☐ 3 a 6 años
☐ 7 a 15 años

☐ 15 a 29 años
☐ Más de 30 años

Nombre _____

☐ Masculino ☐ Femenino   Edad _____

Nivel de estudios alcanzado _____

Ocupación actual:
☐ Trabajador independiente
☐ Trabajador en relación de dependencia
☐ Ama de casa
☐ Estudiante
☐ Desempleado
☐ Jubilado

Otra: _____

Estado civil:
☐ Soltero
☐ Casado con su primer cónyuge
☐ Separado
☐ Separado y vuelto a casar
☐ Divorciado
☐ Divorciado y vuelto a casar
☐ Viudo
☐ Viudo y vuelto a casar

En caso de ser casado, cuantos años lleva casado con su cónyuge actual:
☐ 2 años o menos
☐ 3 a 6 años
☐ 7 a 15 años
☐ 15 a 29 años
☐ Más de 30 años

2.- ¿Cuántos años hace que participa en esta iglesia?

☐ 2 años o menos
☐ 3 a 5 años
☐ 6 a 10 años
☐ 11 a 20 años
☐ Más de 20 años

3.- ¿Con qué frecuencia asiste a los cultos y actividades en la iglesia?

☐ Menos de una vez al mes
☐ Una o dos veces al mes
☐ Una vez a la semana
☐ Dos o más veces por semana

4.- Por favor escriba aquí los nombres de los miembros de la familia extendida que vivan en las cercanías de la iglesia (utilice la parte trasera de esta hoja si necesita más espacio):

Nombre _____ Parentesco _____
Nombre _____ Parentesco _____
Nombre _____ Parentesco _____
Nombre _____ Parentesco _____

5.- Si usted es padre o madre, liste aquí los hijos que viven en su casa (utilice la parte trasera de esta hoja si necesita más espacio):

Nombre _____ Edad _____
Año escolar _____ ☐ Femenino ☐ Masculino

Nombre _____ Edad _____
Año escolar _____ ☐ Femenino ☐ Masculino

Nombre _____ Edad _____
Año escolar _____ ☐ Femenino ☐ Masculino

Nombre _____ Edad _____
Año escolar _____ ☐ Femenino ☐ Masculino

6.- Si usted es padre o madre, marque las cinco áreas principales de preocupación con respecto a sus hijos:

☐ Comunicación
☐ Rendimiento escolar

☐ Alcohol y drogas
☐ Amistades y relaciones con los pares
☐ Sexualidad
☐ Medios de comunicación – televisión, juegos de vídeo, música
☐ Internet
☐ Disciplina
☐ Expectativas
☐ Hábitos telefónicos
☐ Carencia de habilidades sociales
☐ Relación con Cristo
☐ El rol del padre
☐ El rol de la madre
☐ La universidad y su carrera
☐ Otro: _____
☐ Otro: _____

7.- Si usted está casado actualmente, marque las cinco áreas principales de preocupación con respecto a su matrimonio:

☐ Comunicación
☐ Tiempo juntos
☐ Confianza
☐ Amistad
☐ Dinero
☐ Futuro
☐ Satisfacción
☐ Sexo
☐ Pornografía
☐ Abuso
☐ Resolución de conflictos
☐ Diferencias
☐ Balance en las carreras
☐ Temas referidos a padres y suegros
☐ Otro: _____

8.- ¿Cuál es el mejor horario para que los miembros de su hogar se involucren en programas o reuniones de la iglesia? (Escriba los nombres de cada miembro de la familia junto a sus mejores horarios)

Domingos por la mañana _____

Domingos por la tarde _____

Domingos por la noche _____

Lunes por la mañana _____

Lunes por la noche _____

Martes por la mañana _____

Martes por la noche _____

Miércoles por la mañana _____

Miércoles por la noche_____

Jueves por la mañana _____

Jueves por la noche _____

Viernes por la mañana _____

Viernes por la noche _____

Sábados por la mañana _____

Sábados por la tarde _____

Sábados por la noche _____

Retiros de fin de semana (durmiendo fuera una noche) _____

_____

Retiros de fin de semana (durmiendo fuera dos noches) _____

_____

Si necesita más espacio para responder cualquiera de las siguientes cuatro preguntas, utilice la parte trasera de esta hoja.

9.- ¿Qué es lo que lo tiene más satisfecho o feliz con la iglesia?

_____

_____

_____

10.- ¿Qué es lo que no lo tiene a usted satisfecho con la iglesia?

_____

_____

_____

11.- ¿Cómo puede esta iglesia local ayudarlo a usted y a su familia?

_____

_____

_____

12.- ¿Cómo puede esta iglesia ayudarlo a usted a estar más conectado con el resto de la congregación?

_____

_____

_____

DINOS LO QUE PIENSAS:
UNA ENCUESTA *a los* PADRES

La evaluación de las necesidades familiares de la página 101 te permitirá tener un panorama sobre la estructura de las familias que se encuentran en tu grupo de jóvenes o en tu congregación, y también te dará una idea acerca de las necesidades percibidas dentro de esas familias. Por otro lado, este estudio es específicamente para los padres de los adolescentes en tu grupo de jóvenes y es, esencialmente, una oportunidad para que ellos evalúen tu ministerio juvenil. La primera parte del estudio pide los números telefónicos y direcciones —algo indispensable para mantener tus registros al día— antes de preguntarles a los padres cómo se sienten respecto de la influencia que tiene la iglesia y el programa juvenil sobre sus hijos. Por lo tanto, el mejor momento para repartir este cuestionario sería en septiembre u octubre, así puedes actualizar tus datos en preparación para el siguiente año, y a la vez recoger la opinión de los padres acerca del año que está por terminar, que aún está fresco en sus mentes.

ENCUESTA A LOS PADRES

Te tomará solo unos pocos minutos completar este breve cuestionario... pero en lo que respecta al Ministerio Juvenil de esta iglesia, tus respuestas influenciarán un año entero de retiros, estudios bíblicos, proyectos de servicio, y muchos otros aspectos. Por lo tanto, agradecemos tu tiempo y tus comentarios sinceros. Sean estos a favor o críticos, resultarán de gran ayuda para nosotros.

¿QUÉ PIENSAS?

MAMÁ
Nombre _____ Teléfono de casa _____
Dirección de casa _____
_____
(Calle   Ciudad   Estado   Código postal)
Empleador o nombre de su negocio_____
_____Teléfono laboral _____
Correo electrónico _____ ☐ casa ☐ trabajo

PAPÁ
Nombre _____ Teléfono de casa _____
Dirección de casa _____
_____
(Calle   Ciudad   Estado   Código postal)
Empleador o nombre de su negocio_____
_____Teléfono laboral _____
Correo electrónico _____ ☐ casa ☐ trabajo

HIJOS
1. Nombre del hijo _____
Sexo _____ Grado ____ Fecha de nacimiento _____ Edad ____

2. Nombre del hijo _____
Sexo _____ Grado ____ Fecha de nacimiento _____ Edad ____

3. Nombre del hijo _____
Sexo _____ Grado ____ Fecha de nacimiento _____ Edad ____

4. Nombre del hijo _____
Sexo _____ Grado ____ Fecha de nacimiento _____ Edad ____

Número telefónico de emergencia _____

¿Alguna otra información importante que debamos conocer? _____
_____
_____
_____

Entonces, cuál es tu sentir acerca de...

En una escala del 1 (sin conexión alguna) al 5 (muy conectado), haz un círculo en el número que represente mejor tu respuesta...

	Sin conexión alguna		Muy conectado		
1. ¿Qué tan conectado te sientes a la iglesia?	1	2	3	4	5
2. ¿Qué tan conectados se sienten tus hijos a la iglesia? (marca una respuesta diferente para cada uno de tus hijos)	1	2	3	4	5
3. ¿Qué tan conectado te sientes al programa juvenil?	1	2	3	4	5
4. ¿Qué tan satisfecho te sientes con el programa juvenil?	1	2	3	4	5

5. Explica brevemente las respuestas que diste para las preguntas de la 1 – 4. _____
_____
_____

6. ¿Cuáles son las tres cosas más importantes que nuestro ministerio juvenil podría hacer para ayudarte en la crianza de tus hijos?

1 _____
2 _____
3 _____

7. Desde tu perspectiva, ¿qué estamos haciendo bien en nuestro ministerio juvenil? _____
_____
_____

8. ¿Qué aspecto(s) específico(s) de nuestro ministerio juvenil crees que debería(n) ser mejorado(s)? _____

_____

_____

9. ¿Has estado esperando el momento apropiado para decirle algo al ministerio juvenil? Bueno, ahora tienes la oportunidad... ¡Dispara!

_____

_____

_____

9 PROMOTORES *de la*
RESPONSABILIDAD
FAMILIAR

«Antes de que te prestemos el auto familiar (o te dejemos ir al centro comercial sin un adulto que te acompañe, o volver más tarde que las 10 p.m., o ir de campamento con amigos) debes mostrar más responsabilidad».

Si no haz dicho esto aún, en algún momento lo harás. La responsabilidad es un muy importante (y una gran fuente de conflicto) en la mayoría de los hogares con hijos adolescentes. Los padres están constantemente esperando que sus hijos sean más responsables, mientras que los hijos siempre están esperando que los padres les den más libertades. Algunas de las siguientes ideas seguro te funcionarán para fomentar la responsabilidad en casa:

1 Con frecuencia, hazte esta difícil pregunta: «¿Si mi hijo demostrara la misma cantidad de responsabilidad personal que demuestro yo, estaría bien?».

2 Siempre que sea posible, permite que tu hijo escoja entre dos acciones o actividades aceptables, en vez de decir si o no a una sola opción.

3 Cuando planees confrontar a un hijo por una mala decisión, pídele que te explique por qué tomó esa decisión antes de expresarle tu desacuerdo.

4 Pasa un día entero sin echarle la culpa a nadie sobre nada.

5 Caminen en los zapatos del otro, intercambiando sus quehaceres por una semana.

«El éxito es un viaje, no un destino».
- John Mackovic

6 Permite que cada miembro de la familia exprese lo que no le gusta de su hogar en una reunión familiar. Pídeles a todos que piensen en una cosa con la que puedan contribuir en busca de una solución. (Al menos todos dejarán de quejarse hasta que se les ocurra una solución.)

7 Haz que sea un «juego familiar» el contar hasta diez antes de reaccionar el uno contra el otro.

8 Lleva adelante un «Mes de Perfeccionamiento Personal», durante el cual cada integrante de tu familia escogerá un hábito sobre el cual trabajar, para reemplazarlo por uno mejor. Aliéntense unos a otros durante ese mes.

9 Durante la cena, conversen sobre historias del noticiero o de su vecindario, que ilustren cómo la gente ha aceptado o evadido su responsabilidad personal.

Del boletín *Smart Families* (Familias Inteligentes), verano de 1996, de la *Laurelglen Bible Church* en Bakersfield, California, EE.UU.

ATRAPADO EN EL MEDIO
(O EL DELICADO ARTE DE SER
PADRASTRO O MADRASTRA)

Criar hijos si eres su padrastro o madrastra es una manera de estar «atrapado en el medio». Por un lado está tu nuevo cónyuge (el padre o la madre del niño), que es la persona en la cual se conjugan los sentimientos de seguridad, comodidad, confianza y amor más profundos del niño. Por otro lado está el niño, tal vez amargado o inseguro por el rompimiento del matrimonio de sus padres. Desde su punto de vista, puede que tú seas un molesto desconocido.

Transformarse en un padre o madre de manera instantánea es una de las tareas más difíciles que puede haber en esta vida. Si quieres desarrollar una relación sana con tu hijastro, existen algunas reglas que generalmente funcionan y te pueden ser de ayuda...

VE DESPACIO.

Toda relación toma tiempo para desarrollarse. No te transformarás en un héroe de manera automática después de unas vacaciones, un fin de semana o una tarde de calidad juntos. Sé el primero en demostrar tus emociones y afecto pero ten paciencia. Espera hasta que tu nuevo hijo esté preparado para compartir contigo sus emociones, sus sentimientos y su mundo interior.

HAZ UN AMIGO.

La amistad siempre viene antes de un gran amor. Por lo tanto, trabaja para convertirte en su amigo. Conversen acerca de cosas que le interesen a él (escuela, deportes, noticias). Una risa compartida te avisará que estás progresando.

MANTÉN TU DINERO EN TU BOLSILLO.

Las demostraciones materiales activan fácilmente el radar de soborno de tu hijastro. Tratar de ganarse el amor con dinero o con regalos es una manera segura de *impedir* el crecimiento futuro de un amor más genuino que venga del corazón.

RECUERDA QUE NO ESTÁS SOLO.

Algunos de nosotros hemos estado en tus zapatos. Hay respuestas y apoyo que podemos brindarte para ayudarte a convertirte en la mamá o papá del corazón que tu hijastro necesita.

Del boletín Smart Families *(Familias Inteligentes), verano de 1996, de la Laurelglen Bible Church en* Bakersfield, California, EE.UU.

LA DEFENSA *- de un -*
PADRE SOLTERO
FRENTE A LA SOLEDAD

Un ministerio intergeneracional ciertamente puede ayudarte a criar a tus hijos solo (o sola). Pero, al tiempo que hace esto, no puede ignorar tus propias necesidades emocionales. Por ejemplo, la soledad. Entonces, para comenzar, desde el ministerio intergeneracional haremos lo que esté en nuestras manos para que puedas hacer de las siguientes sugerencias, hábitos felices...

- Acepta aquello que no puedas cambiar.

- Rehúsa encerrarte en ti mismo.

- Sé realista, no creas que todo el mundo es más feliz y tiene una vida más fácil que la tuya.

- Cultiva en ti un espíritu de gratitud.

- Ayuda a otros.

- Mantén tu salud física.

- Establece metas bien definidas para ti mismo.

- Rejuvenece tu sensibilidad espiritual.

Del boletín *Smart Families* [Familias Inteligentes], verano de 1996, de la *Laurelglen Bible Church* en Bakersfield, California, EE.UU.

¡TÚ TAMBIÉN PUEDES AYUDAR A REDUCIR EL CONFLICTO ORIGINADO POR LAS TAREAS DEL HOGAR!

¿Cuántos de los conflictos padre-adolescente en tu hogar están en algún sentido relacionados con las tareas domésticas? Si eres un padre o madre, entonces eres (o pronto serás) un veterano de estas guerras. Sin embargo, *hay* maneras de reducir esta fricción y el estrés que viene por asignar las tareas del hogar...

- Enseña *habilidades*, no tareas. Para esto, necesitarás poner los materiales al alcance de tus hijos. También tendrás que demostrarles cómo se realiza la tarea. Trabaja junto a ellos las primeras veces que intenten hacer determinada tarea. Cuando enseñes, comienza de lo fácil a lo difícil. En tu esfuerzo por enseñarles a tus hijos, asegúrate de nunca rehacer el trabajo que ellos han hecho.

- Toma en cuenta que los chicos recuerdan el 10% de lo que escuchan, el 50% de lo que ven y el 90% de lo que hacen.

- Utiliza los momentos cotidianos en que la familia está reunida para fijar las metas y estándares, así como también para repartir las tareas. Además, tendrás que dedicar un tiempo para evaluar, celebrar y premiar el progreso de cada uno.

- Cuelga letreros que indiquen las tareas asignadas y el plazo para terminarlas.

- Recuerda que los chicos tienden a rebelarse cuando se les asignan solo trabajos desagradables o cuando se les añaden requerimientos extra una vez que la tarea ya fue explicada.

- Hazte la siguiente pregunta: «¿Qué estoy haciendo por mis hijos que, si dejo de hacerlo, les enseñará a preocuparse por esa parte de su propio mundo?».

- Debes estar dispuesto a que tus hijos sufran las consecuencias naturales y lógicas de sus actos.

- Es mejor ayudar a tu hijo a terminar una tarea que premiar una tarea sin terminar.

- No fijes una meta o un estándar que no estés preparado para seguir hasta el final.

- Recuerda que al enseñar a tus hijos sus responsabilidades, te estás liberando de esas tareas.

Del boletín *Smart Families* (Familias Inteligentes), verano de 1996, de la *Laurelglen Bible Church* en Bakersfield, California, EE.UU.

15 FORMAS CREATIVAS
DE DECIRLES A TUS HIJOS
«TE AMO»

¿Cómo puedes, de forma creativa, hacer que tus hijos sepan que los amas? Aquí te damos algunas ideas para comenzar...

1 Una vez al mes, llévalos en una «cita» contigo y permite que ellos escojan a dónde ir o qué hacer.

2 Publica su último logro en el periódico local.

3 Escribe algo motivador en un pequeño papel y pégalo en su tarea escolar o en el almuerzo que se llevan a la escuela.

4 Escríbeles un poema y léeselos a la hora de dormir.

5 «Secuéstralos» sorpresivamente para salir a caminar o a comer juntos.

6 Organízales una fiesta sorpresa por ninguna razón en particular, e invita a sus mejores amigos.

7 Planifica una pijamada en familia. Hazla bien completa, con palomitas de maíz, vídeos, una fogata y cuentos antes de dormir.

8 Llévales desayuno a la cama (ya sea panqueques de tu propia cocina o comprados).

9 Planifica una «cita progresiva» para ellos y un par de amigos. Ya sabes, ir a un lugar de comidas rápidas para comer, al parque para tomar un postre, a una pista de manejo para divertirse un rato, y culminen la noche viendo una película en casa y comiendo palomitas de maíz.

Algunos padres encuentran difícil verbalizar el amor que les tienen a sus hijos. Extrañamente, no se puede dar por sentado el amor. Si no se verbaliza, puede que se dude de su existencia. Los padres necesitan decirles a sus hijos que los aman.
- Merton Strommen e Irene Strommen, *The Five Cries of Parents* [Los cinco lamentos de los padres].

10 Haz los arreglos necesarios para que alguien que tenga estatus de celebridad a los ojos de tus chicos, les llame por teléfono.

11 Haz un acróstico con el nombre de tu hijo, de manera que con cada letra comience una palabra o frase que describa una característica en él o ella que tú admires.

12 Dales una foto de ti, enmarcada y firmada «con amor...».

13 Una mañana, llénalos de besos suaves hasta que despierten, y rápidamente pon la cara del perro de la familia sobre su cara.

14 Redecora su habitación cuando no estén.

15 Regala a tu hija un cambio de imagen, o a tu hijo media hora de masajes.

«COSAS QUE QUISIERA QUE MI PAPÁ SUPIERA»

- ¡Te admiro papá!

- No te agradezco todo lo que debiera agradecerte.

- Que estoy vivo.

- Que mi hermana no es perfecta tampoco.

- Que lo amo y quiero estar más cerca de él.

- De verdad te respeto, admiro y valoro.

- Papi, cálmate y relájate. Estos años pronto pasarán y ambos veremos que hemos crecido y aprendido.

- De verdad tengo talentos.

- Te perdono.

- Sé que él pone mucho esfuerzo en ser un buen padre y lo respeto por eso.

- Mi número (mi talla) de zapato.

- Lo mucho que me empeño para hacer lo mejor posible para él, aun cuando nunca es suficiente.

- Lo amo.

- Necesito el amor de más de uno de mis padres.

- Que quiero una relación con él, pero no quiero que me rechace.

- Mi mejor esfuerzo es suficiente.

- Que aunque no tenga idea de lo que hace, de todos modos lo amo ¡UN MONTÓN! Gracias por hacer tu mejor esfuerzo.

> Para decirlo de manera simple, incluso las mejores madres no pueden ser buenos padres.
> –Bárbara D. Whitehead, *Women and The Future of Fatherhood* [Las mujeres y el futuro de la paternidad] en la publicación *Women's Quarterly.*

- No soy, ni seré, un famoso tenista, basquetbolista, o jugador de futbol, pero soy bueno en lo que hago.

- Creo todo lo que me dice y confío en él... Sé que está en lo correcto, y me importa su opinión.

- ¡Vaya que te amo!

INDIVIDUACIÓN,
NO SEPARACIÓN

La mayoría de los adolescentes tienen un fuerte deseo de separarse de sus padres, ¿verdad? Bueno, tal vez no. Considera las siguientes definiciones:

- **Separarse** significa alejarse de, desconectarse.

- **Individuarse** significa encontrar la propia identidad y un sentido personal de autonomía dentro de un contexto de lazos familiares.

Es un mito popular el que dice que los adolescentes desean y necesitan separarse de sus familias. La verdadera travesía del adolescente consiste en un proceso llamado *individuación*, en el que los chicos descubren (1) quiénes son y (2) que sus decisiones y elecciones son importantes. La individuación se logra de manera más fácil y más feliz cuando hay un fuerte sentido de unión a ambos padres (especialmente al papá) durante este tiempo de transición. Esta unión está marcada por una sensación de confianza, una buena comunicación y un sentido general de cercanía.

Los líderes juveniles harían bien en ayudar a sus chicos a reconocer este deseo innato de estar conectados con sus padres y su familia, y en ayudar a los padres a comprender que el periodo de individuación no es el momento de dejar ir, sino de proteger con amor y guiar a sus hijos, al tiempo que los alientan a tener un sentido más profundo de lo que es la vida independiente.

¿Es realmente importante pasar tiempo con tus hijos? Los científicos sociales John DeFrain y Nick Stinnett le preguntaron a 1500 chicos, «¿Qué piensas que hace que una familia sea feliz?». La respuesta más común fue «Hacer cosas juntos».
– Mike Yorkey, *A Time Well Spent* [Un tiempo bien empleado] en la publicación *New Man*.

IDEAS NAVIDEÑAS
-para el- MINISTERIO
INTERGENERACIONAL

Tal vez no exista una época en el año que reúna más a las familias que la Navidad.

Aprovecha las oportunidades de unión familiar que esta estación del año nos brinda, para probar alguna de estas ideas:

- Lean Isaías 9.6-7 y 40.3-5 juntos. Dibuja y recorta retratos de cada uno de los miembros de la familia, y cuélgalos en tu árbol de Navidad. Escribe detrás de cada dibujo un versículo Bíblico o una cita favorita de esa persona.

- Lean cada noche de diciembre un versículo sobre la historia de Navidad en Lucas (Lucas 2.1-20). Pídele a cada miembro de la familia que comente sobre el versículo. Una vez que todos hayan terminado, conversen sobre el comentario que les interesó más o el que trajo más controversias o risas.

- Haz que cada miembro de la familia haga en secreto un adorno navideño para cada uno de los demás miembros. Cuando decoren el árbol, guarda estos adornos para el final, y cuando cada uno reparta sus adornos deberá decir cuánto significa para él o ella cada una de las otras personas.

- Comprométanse a tener un culto o reunión de Adviento con una o dos familias más, al menos una vez por semana. O tal vez la iglesia entera podría tener festejos especiales una vez por semana después del culto o en forma de almuerzo dominical.

DIOS EL PADRE:
EL MODELO BÍBLICO
DE CRIANZA

Dios es el padre por excelencia, dice Myron Chartier en *Parenting: a Theologycal Model* [Siendo padres: un modelo teológico] en el *Journal of Psychology and Theology*, 1978.

Chartier destaca que Dios revela su amor parental en al menos siete formas diferentes:

1 Dios cuida de sus hijos (Lucas 15.11-32; 1 Pedro 5.7).

2 Dios responde a las necesidades de sus hijos (Génesis 9.8-17, Juan 3.16, Tito 3.3-7).

3 Dios otorga los regalos más ricos a sus hijos, incluyendo a su Hijo y al Espíritu Santo como Consolador (Salmo 84.11, Salmo 112.9, Mateo 7.11, Juan 3.16, 1 Timoteo 6.17, Hebreos 2.4).

4 Dios valora, aprecia y muestra su respeto por sus hijos (Isaías 33.6, Lucas 14.10-11, 2 Corintios 4.13-15).

5 Dios conoce a sus hijos, ya que Jesús vino a nuestro mundo como ser humano (Juan 1.14, Filipenses 2.5-8, Hebreos 2.17-18, 4.15). Este conocimiento llega hasta lo más profundo de nosotros (Salmo 44.21, Juan 2.25).

6 Dios perdona a sus hijos (Mateo 26.28, Juan 3.16-17, Efesios 1.7).

7 Dios disciplina a sus hijos por su propio bien (Proverbios 3.11-12, Hebreos 12.5-8, Apocalipsis 3.19).

(Del libro *Ministerio Intergeneracional* por Chap Clark. El permiso de fotocopiar esta página es concedido solo para su uso en tu propia iglesia. Derechos de autor ©2013 por Especialidades Juveniles. www.especialidadesjuveniles.com).

15 FORMAS CREATIVAS
DE DECIRLES *a tus* PADRES
«TE AMO»

Tú sabes que las acciones hablan más fuerte que las palabras, así es que ¡actúa para decirles a tus padres cuánto los amas!

Aquí tienes algunas ideas para empezar...

1 Lava su auto sin avisarles.

2 Regálales el equivalente en dinero a un mes de trabajo tuyo.

3 Sorpréndelos en su trabajo con una tarjeta y una flor.

4 Prepárales una cena sorpresa con sus mejores amigos.

5 Deja el teléfono de tu casa tranquilo por una semana.

6 Quédate en casa por las tardes durante una semana entera, y haz lo que ellos quieran hacer.

7 Decora su cuarto con papel higiénico, y luego ordena todo la mañana siguiente.

8 Llévales desayuno a la cama.

9 Regálales 15 minutos de masajes en los pies.

10 Llámalos al trabajo solo para saludar y conversar un ratito.

11 Lava la ropa durante una semana.

12 Siéntate con ellos en la iglesia por un mes.

13 Escribe una nota que diga «Te amo» con 15 razones por las cuales los amas.

14 Invítales a un desayuno fuera de casa y paga tú por su comida.

15 Haz un vídeo tipo collage en el que ellos sean los protagonistas.

COSAS QUE DEBES SABER
- acerca de - LOS PAPÁS

¿Crees saber todo lo que necesitas conocer acerca de tu papá? ¡Pues piensa de nuevo! Aun cuando no todas las frases sean ciertas para todos los papás, es muy probable que la mayoría sí sean ciertas para tu padre...

• Los papás quieren estar presentes para sus hijos.

• Los papás aman a sus hijos.

• A los papás les cuesta encontrar el equilibrio entre dejar ir y cuidar.

• Los papás quieren escuchar lo que los hijos quieren decir.

• A los papás les importan los sentimientos de sus hijos.

• A los papás les importan más sus hijos que el *éxito* de sus hijos.

• Los papás están bajo mucha presión.

• Los papás a menudo sienten que el peso del mundo está sobre sus hombros.

• Los papás necesitan que sus hijos sean sus amigos.

• Los papás necesitan tiempo para descansar y relajarse.

• Los papás quieren ayudar a sus hijos en su fe, pero necesitan que sus hijos los ayuden a la vez.

• Los papás realmente quieren ser buenos padres.

COSAS QUE DEBES SABER
- acerca de - LAS MAMÁS

¿Piensas que tu mamá es muy predecible? ¡Piensa de nuevo! Puede ser que no todas estas frases sean ciertas con respecto a todas las mamás, pero hay una alta probabilidad de que la mayoría sean ciertas sobre *tu* madre...

- Las mamás son mucho más que meseras, servicio doméstico y choferes.

- Las mamás necesitan que alguien escuche cómo les fue en su día.

- Las mamás quieren estar involucradas en las vidas de sus hijos.

- Las sonrisas de las mamás muchas veces cubren dolor o tristeza.

- Las mamás saben cuándo algo está mal y cuándo es necesaria una charla profunda.

- Las mamás siempre estarán allí para sus hijos, no importa lo malas que se pongan las cosas.

- Las mamás odian cuando sus hijos se interponen entre ellas y su esposo.

- A las mamás les cuesta darse permiso para estar enfermas un par de días.

- Las mamás también necesitan tener vida propia.

- A las mamás les encanta que recuerden detalles como este:

Una encuesta de Gallup (de febrero de 1990) encontró que el 74 % de los encuestados identificaba a los hombres como aquellos con mayor probabilidad de encargarse de arreglos menores en el hogar, y también el 63 % los identificó como aquellos con mayor probabilidad de encargarse del trabajo en el jardín. Por otro lado, las mujeres fueron las más identificadas como las encargadas de hacer la mayor parte del lavado de ropa (79 %), de cuidar a los hijos cuando están enfermos (72 %), de limpiar la casa (69 %), de lavar los platos (68 %) y de ir a pagar las cuentas (65 %). También fueron identificadas como la persona encargada de disciplinar a los hijos... En resumen, es probable que la madre promedio esté soportando una carga más que igualitaria. – George Barna, *The Future of the American Familiy* (El futuro de la familia norteamericana).

(Traducido de *The Youth Worker's Handbook to Family Ministry* de Chap Clark. El permiso de fotocopiar esta página es concedido solo para su uso en tu propia iglesia. Derechos de autor©1997 por Especialidades Juveniles. www.especialidadesjuveniles.com).

COSAS QUE DEBES SABER
- *acerca de* - PADRES, MADRES
PADRASTROS Y MADRASTRAS

Te puedes sorprender al descubrir que no sabes todo acerca de tus padres. Incluso cuando tal vez no todas estas frases sean ciertas para todas las mamás y papás, lo más probable es que la mayoría sean ciertas para tus padres...

- Los padres a menudo están cansados.

- A los padres les atemoriza el futuro.

- Los padres aman a sus hijos.

- A los padres los tiene intranquilos el estado actual del mundo.

- Los padres están estresados.

- Los padres quisieran tener más tiempo para divertirse.

- Los padres muchas veces se sienten solos.

- Los padres no siempre tienen todo «bajo control», sin importar que así lo parezca.

- A los padres les gusta que los tomen en serio.

- Los padres, en su interior, muchas veces piensan que aún están en la secundaria.

¿QUÉ TANTO ESFUERZO HAS DEDICADO A CONOCER MEJOR A TU PADRASTRO?

¡Tal vez te sorprenda lo que descubras! Tal vez estas frases no sean ciertas para todos los padrastros, pero aun así es probable que la mayoría sean ciertas para el tuyo.

- Los padrastros hacen su mejor esfuerzo.

- Los padrastros muchas veces no saben qué hacer.

- A los padrastros les gustaría ser amigos de sus hijastros.

- Los padrastros no quieren ser los malos del cuento.

- Los padrastros no te quieren robar a tu mamá biológica.

- Los padrastros no quieren tomar el lugar de tu padre ausente.

- Los padrastros aman a su esposa y quieren amarte a ti.

- Los padrastros necesitan de tu ayuda para saber qué hacer y qué no hacer.

- Los padrastros tienen un trabajo muy difícil que cumplir.

RECURSOS DE ESPECIALIDADES JUVENILES

MATERIALES PARA EL LIDERAZGO

101 ideas para hacer discípulos
500 ideas para el ministerio juvenil
Agorafobia
Asuntos internos
¡Ayúdenme! ¡Soy líder de Jóvenes!
¡Ayúdenme! Soy líder de Células
¡Ayúdenme! Lidero adolescentes de 12 a 15
¡Ayúdenme! Soy mujer en el ministerio con jóvenes
Cómo ayudar a jóvenes en crisis
Cómo enseñar la Biblia con creatividad
Cómo hablarle a los jóvenes sin dormirlos
Cómo multiplicar tu ministerio
Cómo trabajar con jóvenes apáticos
Cómo trabajar con jóvenes de 18 a 25
Cómo usar el humor en el ministerio
El ministerio juvenil efectivo
Elvis, Pitágoras y la historia de Dios
Estrategias para células
Estratégicos y audaces
Generación de adoradores
Homosexualidad y juventud
La generación emergente
La iglesia emergente
Líderes modelos
Lo que todo líder debe saber de sus jóvenes
Lo que todo pastor debe saber de su líder de jóvenes
Los fundamentos del ministerio juvenil sano
Manual práctico para consejería Juvenil
Ministerio de jóvenes con propósito
Ministerio Juvenil 3.0
Padres a prueba de crisis
Qué hacer cuando los jóvenes se deprimen y consideran el suicidio
Raíces, una pastoral juvenil en profundidad
Salvando a una generación en un mundo superficial
Tribus urbanas
Tus dos primeros años en el Ministerio Juvenil
¡Vive! Cómo aprovechar al máximo tu juventud

MATERIALES PARA JÓVENES

101 preguntas difíciles
Amigos
Bono, rompiendo el molde
Cómo encontrar el amor de tu vida
Conexión posmo

Cuando el hombre joven es tentado
Decisiones inteligentes
Del llanto a la sonrisa
Del llanto a la sonrisa (audio-libro)
Desafía tu futuro
Descubriendo tus talentos
Dios te invita a su aventura: misiones para el nuevo milenio
Drogas y pornografía
El código de pureza
El pequeño manual para novios
El rockero y la modelo
Encuentros al límite
Funky, de ahora en adelante
Héroes en 3D ¡Cómo vivir tu vida al máximo!
Las 10 Plagas de la cybergeneración
Lo mejor de Dios para tu vida ahora
Lo que (casi) nadie te dirá acerca del sexo
Ninguna religión, cómo cuidar tu vida interior
Nunca más seré igual
Poemas de Dios
Rojo: Cuando una nueva generación le adora
Sé tú la diferencia
Seguir a Jesús
Señor líbrame de mis padres
Solo para ellas
¿Y qué voy a hacer con mi vida?
¡Vive! Cómo aprovechar al máximo tu juventud

MATERIALES PARA CLASES

Conversaciones dinámicas
Cuestionarios increíbles
Ilustraciones inolvidables
Lecciones Bíblicas Creativas de la vida de Jesús
Lecciones Bíblicas Creativas del Antiguo Testamento
Lecciones Bíblicas Creativas en 1 y 2 Corintios
Lecciones Bíblicas Creativas en Apocalipsis
Lecciones Bíblicas Creativas en Juan
Lecciones Bíblicas Creativas en Romanos
Lecciones Bíblicas Creativas en los Profetas
Lecciones Bíblicas Creativas en los Salmos
Lecciones Bíblicas Creativas Verdades Brutales
Líderes posmo: un año entero con los héroes de la Biblia
Preguntas provocativas
Sexo del bueno

MATERIALES PARA EVENTOS

Biblioteca de Ideas: Campamentos para refrescar tu ministerio
Biblioteca de Ideas: Dinámicas de integración
Biblioteca de Ideas: Eventos especiales para refrescar tu ministerio
Biblioteca de Ideas: Juegos para refrescar tu ministerio
Biblioteca de Ideas: Promoción y levantamiento de fondos
Biblioteca de Ideas: Rompehielos para refrescar tu ministerio
Biblioteca de Ideas: Teatro para refrescar tu ministerio
Biblioteca de Ideas: Reuniones para refrescar tu ministerio

BIBLIAS JUVENILES

Biblia G3 Bilingüe italiano naranjo/negro
Biblia G3 Bilingüe italiano rosa
Biblia G3 Bilingüe tapa dura
Biblia G3 italiano rosado con marco
Biblia G3 Mini
Biblia G3 tapa de goma negro/verde
Biblia G3 tapa dura
Biblia para el líder de jóvenes de lujo
Biblia para el líder de jóvenes tapa dura

BIBLIA PARA EL LÍDER DE JÓVENES

Nueva Versión Internacional

LECCIONES
BÍBLICAS
CREATIVAS

Para líderes que quieren lo mejor para sus jóvenes

LECCIONES

Bíblicas Creativas

12 lecciones

☑ Material de enseñanza bíblica contemporáneo y fácil de adaptar

☑ Para grupos juveniles, reuniones de jóvenes, grupos en casa y clases de Escuela Dominical

LOS PROFETAS

12 lecciones para desarrollar un carácter firme

Esteban Obando y Rafael Zelaya

Editorial Vida

ILUSTRACIONES
INOLVIDABLES

LÍDERES
POSMO

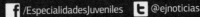

Nos agradaría recibir noticias suyas.
Por favor, envíe sus comentarios sobre este libro a
la dirección que aparece a continuación.
Muchas gracias.

vida@zondervan.com
www.editorialvida.com